# Der ultimative Leitfaden für erwachsene Frauen mit ADHS

*Überwinden Sie Aufmerksamkeitsdefizite mit bewährten Strategien, um Organisation zu meistern, Beziehungen zu stärken und erfolgreich zu sein*

**Julia Klein**

# Inhaltsverzeichnis

# Einführung

*"Wir mögen uns mit konventionellen Routinen abmühen, aber das bedeutet nicht, dass wir nicht in der Lage sind, auf unsere eigene, einzigartige Weise Großes zu leisten." - Zoe Kessler.*

*Zoe* ist eine Bestsellerautorin, Motivationsrednerin und Journalistin, die sich auf ADHS bei Erwachsenen spezialisiert hat. Da Zoe ihr ganzes Leben lang mit ADHS zu kämpfen hatte und sich dennoch zu einer starken, selbstbewussten und aufstrebenden Frau entwickelt hat, haben ihre Worte viel Gewicht. Und ich stimme ihr darin zu, ja! Es stimmt, dass es für Frauen nicht immer einfach ist, in die konventionellen Formen und Schubladen zu passen, die die Gesellschaft uns zugewiesen hat, aber unkonventionell zu sein, macht uns in vielerlei Hinsicht einzigartig. Das ist eine Superkraft, die uns helfen kann, Wunder zu vollbringen. Ich glaube jedoch, dass es verschiedene Strategien und wirksame Techniken gibt, die wir in unserem täglichen Leben anwenden können und die unser Leben ein wenig weniger herausfordernd und viel lustiger machen können. Das ist also die ganze Idee hinter diesem Buch - Sie mit praktischem Wissen über ADHS auszustatten und Ihnen zu zeigen, wie Sie Ihre scheinbaren Schwächen in Ihre größten Stärken verwandeln können. Also, sind Sie auf meiner Seite?

## Warum dieses Buch?

Hallo, hier bin ich, Helen R. Mitchell! Als ich aufwuchs, fühlte ich mich wie eine Ausgestoßene, die ständig darum kämpfte, in eine Welt zu passen, die mit einer Geschwindigkeit zu laufen schien, der ich nicht ganz folgen konnte. Erst als ich 28 Jahre alt war, bekam ich endlich eine Antwort auf die Frage, die mich jahrelang geplagt hatte: Aufmerksamkeitsdefizit-Hyperaktivitätsstörung (ADHS). Diese Diagnose war eine Offenbarung und eine Erleichterung. Sie öffnete mir die Tür zum Verständnis meiner selbst und der aufregenden Funktionsweise meines Geistes.

Ausgestattet mit dem Wissen um meine eigene Erkrankung, tauchte ich in die Welt der ADHS-Forschung ein, wo ich die verblüffende Wahrheit darüber entdeckte, dass diese Erkrankung bei Frauen oft nicht diagnostiziert wird. Mit etwas Feuer im Herzen erkannte ich, dass ich die Verantwortung hatte, Licht in diese Realität zu bringen und einen Weg zu schaffen, der anderen Frauen, die vor ähnlichen Herausforderungen stehen, hilft, ihre eigene Krankheit zu verstehen, während sie mit den Symptomen umgehen.

Also gründete ich eine Online-Community, speziell für ADHS-Frauen, um Frauen aus allen Teilen der Welt zusammenzubringen, die aus verschiedenen Bereichen und mit unterschiedlichem Hintergrund kommen. Ihre Erfahrungen, Geschichten und Triumphe, die sie teilten, waren herzerwärmend und augenöffnend für alle.

Als diese Gemeinschaft wuchs, gab sie mir Vertrauen in meine Vision. Ich wollte mehr für die Frauen tun, die aufgrund ihrer Erkrankung jeden Tag mit den Herausforderungen in ihrem privaten und beruflichen Leben zu kämpfen haben. So begann ich dieses Buch mit der Idee, praktische Tipps und Strategien zu geben, die Frauen mit ADHS dabei helfen, die Kontrolle über ihren Verstand zu erlangen, ihre inneren Stärken zu nutzen und die Welt mit ihrer Kreativität und ihren Problemlösungsfähigkeiten zu erobern. Mit jeder Seite wollte ich mit den Klischees aufräumen, die junge Mädchen und Frauen mit ADHS viel zu lange geplagt haben. Ich wollte allen zeigen, dass ADHS nur eine Störung ist. Es ist eine einzigartige Perspektive, eine großartige Quelle für Kreativität, Innovation und Widerstandsfähigkeit - es kommt nur darauf an, wie man es betrachtet.

Hier biete ich Ihnen also meine Beratung und mein Wissen an! Ich hoffe, dass Sie sich durch dieses Buch inspiriert, gebildet und angespornt fühlen, Wunder zu vollbringen, ohne sich jemals als schwach oder unfähig zu betrachten. Gemeinsam können wir unsere Zukunft neu gestalten, unsere Einzigartigkeit feiern und das grenzenlose Potenzial, das in uns liegt, freisetzen.

# Kapitel 1: ADHS bei Frauen verstehen

Verzögerte Diagnosen und mangelnde Akzeptanz sind die beiden häufigsten Gründe, warum Frauen mit ADHS nicht die notwendige Betreuung, Unterstützung und Beratung erhalten, die sie brauchen, um mit dieser neurologischen Entwicklungsstörung umzugehen. Bevor ich mich mit den Herausforderungen befasse, die eine Frau aufgrund dieser Erkrankung zu bewältigen hat, und praktische Strategien für den Umgang mit den Symptomen vorschlage, möchte ich Ihnen einige grundlegende Dinge über ADHS erklären, um Sie von der Verwirrung zu befreien, die in Ihrem Kopf herrscht.

ADHS, oder Aufmerksamkeitsdefizit-/Hyperaktivitätsstörung, ist eine der häufigsten neurologischen Entwicklungsstörungen, die in der Kindheit auftritt und den Menschen über verschiedene Lebensabschnitte hinweg begleitet. In den frühen 1800er Jahren wurde diese Erkrankung nur mit Jungen in Verbindung gebracht, die Symptome wie Reizbarkeit, Unruhe, Desorganisation und körperliche Gewalt gegen andere zeigten. Seitdem ADHS bei Frauen entdeckt wurde, zeigte es sich anders; die Symptome waren anders und wurden nicht als dieselbe Krankheit erkannt. Aber jetzt, mit dem Fortschritt der neurologischen Wissenschaften, haben Experten drei verschiedene Arten identifiziert, in denen sich ADHS zeigt.

*Überwiegend unaufmerksame Darstellung*: Menschen mit dieser Ausprägung von ADHS haben oft Schwierigkeiten, Dinge zu organisieren oder eine Aufgabe zu Ende zu bringen. Sie können nicht auf Details achten und schalten meist ab, wenn sie einem Gespräch zuhören. Sie lassen sich leicht ablenken und neigen dazu, die grundlegenden Details ihrer täglichen Routine zu vergessen. Diese Art von ADHS tritt häufiger bei Frauen auf und diese Symptome sind bei einer Person nur schwer zu diagnostizieren.

Deshalb bleibt diese Art der ADHS-Präsentation bei jungen Mädchen oft unbemerkt.

***Überwiegend hyperaktiv-impulsive Darstellung:*** Dies ist der Typ, der bei Männern am häufigsten vorkommt, und seine Symptome sind bei jungen Männern leichter zu erkennen. Eine Person mit diesem Typus ist zappelig und redselig. Eine solche Person kann nicht stillsitzen, während sie eine Mahlzeit einnimmt oder eine Arbeit erledigt. Unruhe und Impulsivität sind die beiden sichtbarsten Symptome dieses Typs. Sie können nicht warten, bis sie an der Reihe sind, oder auf andere hören, um Anweisungen zu erhalten. Diese Impulsivität führt in extremen Fällen oft zu Verletzungen oder Unfällen. Sie sprechen oft und unterbrechen andere oder schnappen sich Dinge von anderen zu unpassenden Zeiten.

***Kombinierte Präsentation:*** In manchen Fällen kann eine Person eine Kombination von Symptomen aus beiden oben genannten Erscheinungsformen aufweisen. Um es einfach auszudrücken, versuche ich hier nur zu erklären, dass die ADHS-Symptome von Person zu Person unterschiedlich sind. Da wir alle unsere eigenen Persönlichkeiten haben, müssen wir unsere Symptome entsprechend behandeln.

Als ich diesen Ratgeber schrieb, hatte ich genau das Gleiche im Sinn. Ich wollte einen Lichtblick für all die jungen Mädchen und Frauen setzen, die mit ADHS zu kämpfen haben und aufgrund gesellschaftlicher Bedingungen gezwungen sind, ihre Symptome zu verbergen. Ich möchte, dass Sie alle Ihr authentisches Selbst annehmen und Ihren Instinkten vertrauen. Was also, wenn Sie ADHS haben? Wenn Sie feststellen, dass sich einige der Symptome negativ auf Ihr Leben auswirken, dann gibt es eine Reihe anderer positiver Aspekte dieser Krankheit, auf die Sie sich konzentrieren können, während Sie Ihre Herausforderungen geschickt angehen. In diesem Ratgeber habe ich alle praktischen Strategien und Techniken niedergeschrieben, die ich während meines Kampfes gegen ADHS gelernt habe, und ich hoffe, dass sie Ihnen helfen werden, alle Herausforderungen in Ihrem persönlichen und beruflichen Leben zu meistern.

# Kapitel 2: Einzigartige Herausforderungen bei ADHS bei Frauen

*"Für Frauen mit ADHS ist die Welt eine Schatztruhe voller glänzender Objekte, von denen jedes eine potenzielle Ablenkung und ein Abenteuer darstellt."*

*- Terry Matlen.*

Ich weiß, dass das Leben mit ADHS Ihnen oft das Gefühl gibt, nicht ganz dazuzugehören und dass es schwierig ist, Ihren Platz unter den Menschen zu finden. Es ist jedoch wichtig zu erkennen, dass Sie nicht ändern müssen, wer Sie sind, um dieses Gefühl der Zugehörigkeit zu erreichen. Es ist nicht leicht, in einer Welt zu leben, in der man Sie ständig nach Ihrem Verhalten beurteilt und Sie als Ausreißer abstempelt, weil Sie nicht ihren Erwartungen entsprechen, besonders wenn Sie eine Frau mit ADHS sind. Ich habe auf die harte Tour gelernt, dass ADHS kein Fluch ist, den ich loswerden muss, sondern dass ich es nur mit einer ganz neuen Perspektive betrachten muss. Schließlich *ist* ADHS *keine Behinderung, sondern eine andere Fähigkeit.* Ich weiß, dass es eine echte Herausforderung ist, gegen all die Stereotypen, Stigmata und das Verhalten der Menschen gegenüber Frauen wie uns anzukämpfen, aber lassen Sie mich Ihnen versichern, dass Sie es schaffen können! Sie können sich von den Meinungen der Menschen befreien und anfangen, das Leben zu leben, indem Sie genau so bleiben, wie Sie sind.

Wenn bei Ihnen gerade ADHS (Aufmerksamkeitsdefizit-/Hyperaktivitätsstörung) diagnostiziert wird, dann gehören Sie zu den wenigen Glücklichen, denn die Mehrheit der Frauen erreicht diesen Punkt auch heute noch nicht und ihre ADHS-Symptome werden als schlechtes Verhalten abgetan. Vor diesem Hintergrund glaube ich, dass die größte Herausforderung, der sich Frauen mit ADHS in den USA und auf der ganzen Welt stellen müssen, die verspätete oder in einigen Fällen falsche

Diagnose ist. Vor einem Jahrhundert wurde diese Krankheit in den Diagnosehandbüchern nicht als eine Krankheit beschrieben, die Frauen haben können. Diese Unkenntnis und das fehlende Bewusstsein sind die größten Hindernisse für Frauen mit dieser Krankheit. Das Problem besteht darin, dass Frauen mit ADHS etwas andere Symptome aufweisen als Männer mit ADHS. Aufgrund des gesellschaftlichen Drucks, der zu einer Verzögerung der Diagnose oder einer falschen Diagnose führt, verinnerlichen sie die Symptome oft, so dass sie schließlich wegen Depressionen oder Angstzuständen behandelt werden, selbst wenn sie ADHS haben.

Aufgrund dieses mangelnden Bewusstseins oder Verständnisses entwickeln Frauen mit ADHS allmählich unsere eigenen Bewältigungsmechanismen, nur um unser wahres Ich vor der Welt zu verbergen. Wir drängen uns selbst dazu, organisierter, aufmerksamer und sozial anpassungsfähiger zu sein, was nicht nur geistig anstrengend ist, sondern auch zu einem Hochstaplersyndrom führt. Machen Sie sich also klar: Ob die Welt Sie akzeptiert oder nicht, Sie müssen zuerst sich selbst akzeptieren und anerkennen. Auf dieser Reise geht es um Selbsterkenntnis und Selbstverwirklichung.

Es gibt noch einige andere Herausforderungen, die wir erleben können, die ich zunächst einmal ansprechen möchte, bevor wir mit den anderen Realitäten beginnen, die mit dieser Krankheit verbunden sind. Eine Schwierigkeit, die ich persönlich erlebt habe, war meine erhöhte emotionale Empfindlichkeit und mein Problem, Emotionen zu regulieren. Die starken Stimmungsschwankungen, das Gefühl, überfordert zu sein, und emotionale Ausbrüche treten bei ADHS häufiger auf. Und als ob das noch nicht genug wäre, verschlimmerten hormonelle Schwankungen die Situation noch. All dies zusammen wirkte sich auf meine Ausbildung, mein Berufs- und mein Privatleben aus.

Eine weitere große Herausforderung auf dieser Reise war die Entwicklung des "Perfektionistensyndroms", mit dem ich die Schwächen kompensieren wollte, die ich zu haben glaubte. Sehen Sie, wir versuchen oft, unsere Unzulänglichkeiten vor der Welt zu verbergen, indem wir übermäßig selbstkritisch und sehr perfektionistisch sind, was einen enormen Tribut an unsere geistige Gesundheit fordert und unser Selbstwertgefühl jedes Mal senkt, wenn wir unsere selbst gesetzten Standards nicht erfüllen.

Dies waren nur einige der Herausforderungen, mit denen wir Frauen mit ADHS konfrontiert sind. Ich weiß, dass es noch viel mehr gibt, die Sie erleben müssen, und es scheint fast unmöglich, eine praktische Lösung für unsere Sorgen zu finden. Aber meine Damen, vertrauen Sie mir! Mit der Zeit, etwas Verständnis, positivem Denken und ein wenig Anstrengung in diese Richtung wird alles besser. Sie schaffen das!

# Auswirkungen von Hormonschwankungen auf ADHS-Symptome

Haben Sie während Ihres Menstruationszyklus eine erhöhte Impulsivität, emotionale Empfindlichkeit und Reizbarkeit festgestellt? Nun, das liegt daran, dass hormonelle Schwankungen die Symptome von ADHS stark beeinflussen. Experten sind der Meinung, dass eine Verschiebung der weiblichen Hormone die Schwere der ADHS-Symptome beeinflussen kann, unabhängig davon, ob es sich um den Menstruationszyklus oder andere hormonelle Ereignisse wie Schwangerschaft, Peri-Menopause oder Menopause handelt.

Was passiert also, wenn Sie in die prämenstruelle Phase eintreten? Diese Zeitspanne ist durch einen Abfall des Progesteron- und Östrogenspiegels im Körper gekennzeichnet. Der Rückgang dieser Hormone führt zu einem verstärkten Gefühl von Konzentrationsschwierigkeiten, Unruhe, Impulsivität und Reizbarkeit. Der Schweregrad der Symptome kann jedoch von Frau zu Frau variieren.

Wie der Menstruationszyklus ist auch die Schwangerschaft ein weiteres Ereignis im Leben einer Frau, das durch extreme Hormonschwankungen gekennzeichnet ist, die für die Entwicklung des Fötus notwendig sind, aber im Falle von ADHS kann diese Hormonverschiebung wiederum die Symptome beeinflussen. Einige Frauen erleben während ihrer Schwangerschaft eine Verbesserung des Schweregrads von ADHS. Dies ist möglicherweise darauf zurückzuführen, dass der Östrogen- und Progesteronspiegel in dieser Phase im Körper ansteigt, was sich stabilisierend auf die Aufmerksamkeit und die Stimmung einer Frau auswirken kann.

Direkt nach der Schwangerschaft kommt die Zeit nach der Geburt, die für Frauen mit ADHS die schwierigste Phase ist. Während der Postpartum-Phase kommt es zu einem erheblichen Abfall beider Hormone (d.h. Östrogen und Progesteron), was nicht nur Schlafstörungen verursacht, sondern auch zu Stress führt und die ADHS-Symptome verschlimmert.

Eine weitere wichtige Phase im Leben einer Frau ist die Perimenopause, ein Zeitraum, in dem eine Frau in die Menopause übergeht. Während dieser Zeit erlebt eine Frau extreme Veränderungen in ihren Hormonzyklen, die sich auch auf die ADHS-Symptome auswirken. Man kann sagen, dass eine solche Fluktuation die Symptome verschlimmert und Probleme wie Gedächtnisverlust, Unregelmäßigkeiten in der Stimmung und bei den Emotionen sowie Schwierigkeiten bei der Konzentration und Aufmerksamkeit auftreten können. Es gibt mehrere kognitive Veränderungen, die während dieser Perimenopause-Phase auftreten, und diese Veränderungen können sich mit den Symptomen von ADHS überschneiden. Es ist also wichtig, zwischen beiden unterscheiden zu können und die notwendigen Maßnahmen zu ergreifen. Die Ausprägung von ADHS kann sich nach der Menopause ändern. Wenn Sie beispielsweise eine hyperaktive Ausprägung haben, könnte diese in dieser Phase weniger stark ausgeprägt sein und Sie könnten eine unaufmerksame Ausprägung entwickeln. Die Verschlimmerung der Reizbarkeit und der emotionalen Ausbrüche nimmt nach den Wechseljahren ab. Andere Probleme wie Gedächtnisverlust, mangelnde Konzentration und Aufmerksamkeit, Angstzustände und Depressionen können aufgrund des Hormonabfalls auftreten. Daher ist die Pflege der Symptome in dieser Zeit genauso notwendig wie vor der Menopause.

An dieser Stelle muss unbedingt darauf hingewiesen werden, dass Hormonschwankungen zwar einen Einfluss auf die Symptome von ADHS haben, dass sie aber nicht die einzigen Faktoren sind, die die Symptome beeinflussen. Andere Faktoren wie Ihre Gehirnchemie, Ihr Lebensstil, Umweltfaktoren und die genetische Veranlagung spielen alle eine Rolle bei der Beeinflussung der Symptome von ADHS. Während es also wichtig ist, die Symptome während der Hormonschwankungen zu verstehen und in den Griff zu bekommen, ist es auch wichtig, andere Faktoren zu untersuchen und dann einen umfassenden Fahrplan für Ihre ADHS-Reise zu erstellen.

# Gesellschaftliche Erwartungen und ihr Einfluss auf die Selbstwahrnehmung

Gesellschaftliche Erwartungen sind einer der wichtigsten Faktoren, die unsere Selbstwahrnehmung beeinflussen. Frauen werden oft unter Druck gesetzt, bestimmte von der Gesellschaft geschaffene Standards zu erfüllen, was sich negativ auf unsere Erfahrung mit ADHS auswirken kann. In diesem Abschnitt werde ich speziell auf die Auswirkungen eines solchen Drucks auf unsere Psyche und auf unsere Selbstwahrnehmung eingehen, insbesondere wenn wir mit ADHS zu tun haben.

Das Bild oder die Identität, die die Gesellschaft einer Frau im Allgemeinen zuschreibt, zeichnet sich dadurch aus, dass sie organisiert ist, mehrere Aufgaben erledigen kann und auf Details achtet. Wenn eine Frau nicht in diese Rolle passt, wird sie von der Gesellschaft als Außenseiterin betrachtet. Aber als Frauen mit ADHS wissen wir, dass es für uns praktisch unmöglich ist, diesen Idealen zu entsprechen. Dieser gesellschaftliche Druck wird Sie jedoch dazu bringen, Ihre Symptome zu maskieren und eine neue Identität zu schaffen, um den Menschen kompetenter zu erscheinen. Ich erinnere mich noch gut daran, wie ich mich selbst unglücklich gemacht habe, indem ich meine Schwierigkeiten beim Konzentrieren und Organisieren verbarg, was zu einer Diskrepanz zwischen meinen inneren Kämpfen und meinem äußeren Erscheinungsbild führte. Mit der Zeit habe ich jedoch gelernt, dass wir nicht das Bild leben müssen, das uns von der Gesellschaft zugewiesen wird. Wir müssen wir selbst sein, um ein zufriedenes und friedliches Leben zu führen.

Wir alle wissen, dass Frauen stereotyp als sensibler und fürsorglicher gelten. Obwohl Frauen mit ADHS von Natur aus emphatischer und sensibler sind, sind wir mit emotionalen Unregelmäßigkeiten und Impulsivität konfrontiert, was als Abweichung von den gesellschaftlichen Normen empfunden werden kann. Dieser Druck führt oft dazu, dass wir uns überfordert fühlen, wenn wir uns den gesellschaftlichen Erwartungen anpassen müssen.

Ob bei der Arbeit oder im Haushalt, Multitasking und ständige Organisation sind zwei Eigenschaften, die die Gesellschaft von einer Frau erwartet. Da wir das nicht können, fühlen wir uns frustriert und unzulänglich, wenn wir unter dem Druck stehen, organisiert zu bleiben. Auch im sozialen Bereich, in zwischenmenschlichen Beziehungen, im Beruf und in der Ausbildung werden alle Aspekte unseres Lebens durch unsere Unkonzentriertheit, Impulsivität, Vergesslichkeit und viele andere Symptome, die mit ADHS einhergehen, beeinträchtigt. Diese negativen Auswirkungen führen dazu, dass wir uns unter Druck gesetzt, oft überfordert, gestresst und sogar deprimiert fühlen.

Aber das muss nicht so sein. Ihr Leben wird sich in dem Moment ändern, in dem Sie anfangen, die Tatsache anzuerkennen, dass niemand auf dieser Welt perfekt ist, ADHS oder nicht, jeder hat seine eigenen Schwächen und Stärken. Wir können trotz aller gesellschaftlichen Widerstände und allen Drucks immer noch erreichen, was wir anstreben. Wir müssen nur ständig lernen, verstehen und uns mit den richtigen Werkzeugen ausstatten.

# Die Rolle der Geschlechterrollen bei der Gestaltung von ADHS-Erfahrungen

Eine Sache, die bei der Gestaltung Ihrer ADHS-Erfahrungen eine wichtige Rolle spielt, ist die Geschlechterrolle. Die Wahrheit ist, dass ADHS immer aus einer männlichen Perspektive heraus verstanden und untersucht wurde. Diese Tatsache hat zu dieser großen Kluft bei der Diagnose geführt und zu geschlechtsspezifischen Unterschieden bei der Darstellung der Symptome und dem Zugang zur notwendigen Behandlung. Erstens gibt es eine hervorragende Diagnoseverzerrung! Historisch gesehen wurde ADHS mit Jungen und Männern in Verbindung gebracht, da die Störung am häufigsten bei Männern diagnostiziert wurde. Daher wurden die Diagnosekriterien natürlich nur für die männliche Form der Störung entwickelt, d.h. für die Hyperaktivität. Die Frauen mit ADHS hingegen zeigten nicht das gleiche Maß an Hyperaktivität, so dass sie entweder unterdiagnostiziert oder falsch diagnostiziert wurden. Dies hat dazu geführt, dass viele Frauen mit ADHS ihre Symptome verinnerlicht haben, was zu einer Maskierung und Verschleierung ihrer eigenen Identität führte.

Es ist wahr! Männer mit ADHS können offen sagen, dass das, womit sie zu kämpfen haben, eine Krankheit ist. Frauen mit ADHS hingegen haben nicht den Luxus, ihre Symptome zuzugeben, da die meisten Menschen diese Realität nicht akzeptieren können. Also müssen sie sich letztlich den gesellschaftlichen Normen anpassen, was zu einer Identitätskrise führt. Von Mädchen und Frauen wird erwartet, dass sie gut darin sind, soziale Interaktionen und Beziehungen zu pflegen. Menschen mit ADHS können jedoch aufgrund von Impulsivität, Vergesslichkeit und Unaufmerksamkeit Schwierigkeiten haben, soziale Kontakte zu pflegen. Gesellschaftliche Erwartungen können Selbstzweifel und Gefühle der sozialen Unzulänglichkeit hervorrufen. Die Anpassung an Geschlechterrollen und gesellschaftliche Erwartungen kann zur Entwicklung einer eigenen Identität beitragen. Frauen mit ADHS kämpfen möglicherweise mit dem Gefühl, nicht dazuzugehören oder "anders" zu sein. Dies kann sich auf ihr Selbstwertgefühl und ihr Selbstwertgefühl auswirken.

Um diese Herausforderungen zu bewältigen, ist es daher wichtig, die Überschneidung von Geschlechterrollen und ADHS zu erkennen und ein umfassenderes Verständnis der Störung zu fördern. Alle Angehörigen der Gesundheitsberufe, Experten, Pädagogen und die Gesellschaft als Ganzes müssen die geschlechtsspezifischen Erscheinungsformen von ADHS verstehen und daran arbeiten, Vorurteile bei Diagnose und Behandlung abzubauen. Die Schaffung eines unterstützenden Umfelds, das die Erfahrungen von Menschen mit ADHS unabhängig vom Geschlecht anerkennt, kann wirklich dazu beitragen, die Stigmatisierung zu verringern und bessere Ergebnisse für alle Betroffenen zu erzielen.

# Erfahrungen von Frauen mit ADHS

*"Unser Verstand kann sich wie ein verschlungenes Netz von Ideen und Gedanken anfühlen, was ihn gleichzeitig überwältigend und faszinierend macht." - Anonym*

Als bei mir zum ersten Mal ADHS diagnostiziert wurde, war ich sehr erleichtert, denn alles, was mit mir passiert war, ergab nun einen Sinn. Ich habe zwar verschiedene Strategien ausprobiert, um mit meinen Symptomen umzugehen, aber was mir am meisten geholfen hat, war der Austausch mit anderen Frauen, die an einer ähnlichen Krankheit leiden. Nachdem ich mir ihre persönlichen Erfahrungen und Lebensgeschichten angehört hatte, gewann ich eine enorme Menge an Mut und Motivation, mit dem umzugehen, was mir im Leben bevorstand. Deshalb widme ich diesen Teil des Buches all diesen erstaunlichen Frauen, die mit ADHS gelebt haben. Sie haben sich mit großer Kraft gegen alle Herausforderungen gewehrt.

Beginnen wir mit der inspirierenden Geschichte von Susan Baroncini-Moe, die Autorin und Executive Coach ist. In ihren späten 30ern wurde bei ihr ADHS diagnostiziert. Sie hatte große Schwierigkeiten, Projekte zu Ende zu bringen, übermäßig viel zu sprechen und vergesslich zu sein. Es stimmt, dass ihr ADHS sie in eine Identitätskrise stürzte, aber sie ließ nicht zu, dass es ihre Persönlichkeit bestimmte. Anstatt gegen ihre inneren Instinkte anzukämpfen, um sich selbst zu verbessern, nutzte sie Strategien und Techniken, um eine bessere Version ihrer selbst zu werden.

Baroncini-Moe nutzte Hilfsmittel wie Bewegung und Meditation, um sich besser zu konzentrieren und ein System zu schaffen, mit dem sie organisiert bleiben und ihre Aufgaben ausrichten konnte. Sie nutzte Momente der Stille und geführte Meditationen, um ihre Impulsivität zu überwinden. Trotz dieser Strategien suchte Baroncini-Moe immer wieder nach neuen und einzigartigen Ansätzen für ihr persönliches Wachstum. Sie ist der Meinung, dass sie sich ständig weiterentwickelt und versucht, ihr Leben zu optimieren, ohne dabei den mentalen und emotionalen Tribut zu zahlen, den das ADHS-Syndrom mit sich bringt.

Eine weitere wahrhaft inspirierende Frau ist Jessica McCabe. Sie ist nicht nur eine erfolgreiche Schauspielerin, sondern auch die Gründerin von *How to ADHD*. Im Jahr 2003 begann sie ihre Schauspielkarriere in Filmen und Fernsehsendungen. McCabe erlangte noch mehr Popularität, als sie 2016 ihren eigenen YouTube-Kanal *How to ADHD ins Leben rief*. Bei ihr wurde diese Krankheit im Alter von 12 Jahren diagnostiziert. Anfangs nahm sie Medikamente, um ihre Symptome zu bekämpfen, aber sie hörte damit auf, nachdem sie erkannt hatte, dass Medikamente allein kein wirksames Mittel sind, um die Symptome von ADHS zu bekämpfen.

Nach Angaben von McCabe kämpfte sie in ihren frühen 30ern mit ihren Beziehungen und ihrer Schauspielkarriere und identifizierte ADHS als den Hauptfaktor, der verschiedene Aspekte ihres Lebens beeinflusste. Sie startete ihren YouTube-Kanal vor allem, um die Probleme anzusprechen, mit denen Menschen mit ADHS aufgrund mangelnder Ressourcen konfrontiert sind. Sie setzte nicht nur Hilfsmittel und Techniken zur Bekämpfung ihrer Symptome ein, sondern teilte auch ihre Erkenntnisse über ADHS mit ihren Followern. Während sie weiterhin Medikamente einnimmt, hat sie auch Zappelphilipp und tägliche Meditation als praktische Strategien zur Bewältigung ihrer Probleme eingeführt. Ihr Engagement, das

Leben mit ADHS durch eine positive Einstellung zu meistern und anderen dabei zu helfen, dasselbe zu tun, ist eine echte Inspiration für uns alle.

Es gibt viele Geschichten und Erfahrungen aus dem wirklichen Leben, und ich werde in den kommenden Kapiteln noch mehr davon erzählen. Eine Erkenntnis, die Sie aus den Geschichten von Baroncini-Moe und McCabe mitnehmen können, ist, dass ADHS kein Hindernis für ein erfolgreiches und erfülltes Leben ist. Sie müssen taktvoll mit Ihren Symptomen umgehen und sich auf Ihre Stärken konzentrieren, um die Herausforderungen zu meistern.

# Kapitel 3: Die Vorteile von ADHS erkennen

*"Die Vielfalt unserer Interessen und Leidenschaften kann sowohl unsere Supermacht als auch unsere Herausforderung sein." - Sari Solden.*

Ihre Verwandlung beginnt, wenn Sie beginnen, sich Ihre inneren Stärken zu eigen zu machen. Zweifellos ist es schwierig, mit ADHS zu leben, aber wenn Sie die einzigartigen Vorteile erkennen, die diese Krankheit bietet, können Sie sich wirklich in ein Sinnbild für Stärke, Kraft und Erfolg verwandeln. Es gibt zwar einige Herausforderungen, aber es gibt auch viele Superkräfte, die mit Ihrer ADHS-Reise einhergehen. Es braucht etwas Zeit und Mühe, um diese Stärken nicht nur zu entdecken, sondern sie sich auch zu eigen zu machen.

## Auf das Positive konzentrieren

Wenn die Welt Ihnen gesagt hat, dass ADHS Ihre Schwäche ist, dann hören Sie nicht länger auf sie. Sicherlich bringt diese Krankheit eine Reihe von Herausforderungen mit sich, aber sie bringt auch einige außergewöhnliche Fähigkeiten mit sich, die Sie zu einer Superheldin machen können, wenn Sie sie wirklich annehmen. Wenn ich mich umschaue, sehe ich viele großartige Frauen mit ADHS, die der Welt ihren Stempel aufdrücken, die Unternehmen leiten, sich um ihre Familien kümmern, gesunde Beziehungen führen und erfolgreiche Karrieren machen; ich komme nicht umhin zu fragen, ob es wirklich so schlimm ist, ADHS zu haben? Wenn überhaupt, dann macht der Umgang mit dieser Krankheit Sie widerstandsfähiger, stärker und selbstbewusster. Das ist es, was passiert, wenn eine Frau anfängt, über sich selbst zu bestimmen. Da es in diesem Teil des Buches vor allem um die Strategien geht, mit denen Sie an den positiven Aspekten und Stärken einer ADHS-Frau arbeiten können, möchte ich zunächst die positive Seite des Bildes hervorheben, um Ihnen eine gute Vorstellung davon zu vermitteln, dass Sie bereits einen Schatz an Mut und Kraft in sich tragen; und Sie müssen nur etwas tiefer graben, um ihn in sich zu finden.

### Sie sind kreativ

*"ADHS-Frauen können ein Wirbel aus Chaos und Kreativität sein und Verbindungen herstellen, die andere vielleicht übersehen." - Kathleen Nadeau.*

Eine der bemerkenswertesten Eigenschaften von Frauen mit ADHS ist Kreativität. Ja, Sie sind ein höchst kreativer Mensch, wenn Sie diese Krankheit haben, und diese Kreativität manifestiert sich in verschiedenen Aspekten des Lebens. Diese Kreativität entspringt der einzigartigen Art und Weise, wie der Verstand Informationen verarbeitet, was es Menschen mit ADHS ermöglicht, verschiedene Muster zu erkennen, neue Möglichkeiten zu finden und Beziehungen zwischen Dingen herzustellen, die für andere Menschen nicht sichtbar sind. Mit einfachen Worten: Ihr ADHS hilft Ihnen, über den Tellerrand zu schauen. Ganz gleich, ob es sich um ein neues Projekt bei der Arbeit oder um Ihr persönliches oder berufliches Leben im Allgemeinen handelt, Ihre Kreativität wird Ihnen helfen, mehr zu erreichen, als Sie sich jemals vorstellen konnten. Frauen mit ADHS sind keine Menschen, die sich an bestehende Ideen und konventionelle Muster anpassen. Sie bringen also ihre Einzigartigkeit in alles ein, was sie anfassen, und das kann Wunder bewirken. Von der Lösung von Problemen bis hin zum Vorstoß in unbekanntes Terrain und der Entwicklung neuer innovativer Ideen können Sie als Frau mit ADHS den Status quo wirklich umgestalten; und das ist Ihre einzige große Stärke.

## Sie sind empathisch

Das Einfühlungsvermögen und die erhöhte Sympathie, die Sie schon Ihr ganzes Leben lang empfinden, ist eine weitere Ihrer Stärken. Das liegt daran, dass Ihr Gehirn die natürliche Tendenz hat, sich mit anderen auf einer tieferen emotionalen Ebene zu verbinden. Die Art und Weise, wie Sie denken, macht Sie intuitiver und besser in der Lage, Emotionen wahrzunehmen; deshalb können Sie sich mit Menschen auf einer tieferen Ebene verbinden. Es verleiht Ihnen ein starkes emotionales Bewusstsein und macht Sie fähig, subtile Hinweise zu erkennen, während Sie mit anderen interagieren. Es ist, als könnten Sie Menschen besser lesen als andere, und es hilft Ihnen, bessere Entscheidungen zu treffen, während Sie eine Verbindung zu jemandem aufbauen.

## Sie sind energiegeladen und enthusiastisch

Das hohe Energieniveau, das Sie bei ADHS erleben, kann für Sie eine große Quelle der Begeisterung und Leidenschaft sein. Wenn Sie sich diese dynamische Energie zunutze machen, kann sie sich in einen ansteckenden Eifer verwandeln, der eine Atmosphäre der Motivation und Aufregung schafft. Der Geist einer ADHS-Frau ist so verdrahtet, dass er ständig in Bewegung ist, so dass sich diese hohe kognitive Aktivität in unvergleichlichen Eifer und hohe Energie umsetzen kann. Wenn diese Energie in vollem Umfang genutzt und im Leben gut gehandhabt wird, kann sie Frauen helfen, das Unmögliche zu schaffen.

## Sie haben einen abenteuerlichen Geist

Eine weitere positive Eigenschaft, die ich nach und nach an mir entdeckt habe, ist die Abenteuerlust. Man sagt, dass Frauen mit ADHS diese angeborene Tendenz haben, nach Neuem zu suchen und Risiken im Leben einzugehen, so dass sie sich ständig abenteuerlustig fühlen. Frauen mit ADHS sind neugierig; sie sehnen sich nach Stimulation, um neue Gebiete zu erkunden oder neue Erfahrungen zu machen, geistig und körperlich. Diese exzellente Sehnsucht nach neuen Begegnungen treibt ihre abenteuerlustigen Seelen an und bringt sie zu verschiedenen Aktivitäten wie Reisen, Wandern, Bergsteigen, Radfahren, Gleitschirmfliegen usw. Diese Offenheit für neue Hobbys und Umgebungen kann dazu führen, dass sie ein Leben mit einer Vielzahl von Interessen führen.

# Sie haben Multitasking-Fähigkeiten

Da Frauen mit ADHS einen sehr dynamischen Denkprozess haben, sind sie sehr aktiv und entwickeln diese Fähigkeit zum Multitasking. Unser Geist neigt von Natur aus dazu, von einem Gedanken zum nächsten zu springen. Wenn wir also lernen, diesen Wechsel zu kontrollieren, können wir diese Fähigkeit zu unserem eigenen Vorteil nutzen. Sie wissen, dass Sie sich bei ADHS nie auf einen Gedanken oder eine Idee gleichzeitig konzentrieren können? Das gibt Ihnen die geistige Flexibilität, verschiedene Aufgaben gleichzeitig zu planen, zu denken und auszuführen. Dieser leichte Übergang von einer Verantwortung zur anderen macht Sie für dynamischere Jobs besser geeignet.

# Sie sind hyperfokussiert

*"Hyperfokus ist für Frauen mit ADHS so, als ob man in ein Buch fällt und plötzlich feststellt, dass man schon seit Stunden dabei ist." - Kate Kelly und Peggy Ramundo.*

Hyperfokus ist ein entscheidendes Unterscheidungsmerkmal von ADHS, das nicht nur für Frauen, sondern für alle Menschen mit dieser Erkrankung von großer Bedeutung ist. Hyperfokus ist ein Zustand intensiver Konzentration und Vertiefung in einen Geschmack und eine Aktivität, die unsere Aufmerksamkeit aufrechterhalten kann. Dieser Zustand mag im Widerspruch zu der weithin bekannten Wahrnehmung von Aufmerksamkeitsschwierigkeiten bei ADHS stehen; er zeigt jedoch die Komplexität und Vielfalt der kognitiven Prozesse, die mit dieser Erkrankung verbunden sind.

Für Frauen mit ADHS kann Hyperfokus ein wichtiges Hilfsmittel sein, das ihnen hilft, ihre innere Energie und Konzentration auf die Verfolgung ihrer Träume und Leidenschaften zu lenken. Wenn etwas ihr Interesse weckt, sind sie in der Lage, sich mit voller Konzentration darauf zu stürzen, und zwar ohnegleichen. Diese Fähigkeit kann zu unglaublichen Ergebnissen führen, die sich durch ein erstaunliches Maß an Produktivität und Liebe zum Detail auszeichnen.

Ich weiß, was Sie jetzt denken: Es ist schwierig, die Idee des Hyperfokus zu verinnerlichen, wenn Sie Ihr ganzes Leben lang mit der Aufrechterhaltung der Aufmerksamkeit zu kämpfen hatten. Lassen Sie mich Sie daran erinnern, dass die Aufmerksamkeit nur dann verloren geht, wenn Sie an weniger fesselnden Aufgaben arbeiten. Wenn Sie hingegen an Aktivitäten arbeiten, die Ihre Aufmerksamkeit voll und ganz in Anspruch nehmen und Ihre Neugierde wecken, können Sie sich mit Ihrem Hyperfokus voll und ganz auf die Arbeit konzentrieren.

## Sie sind schnell im Denken und in der Problemlösung

Wenn wir die zuvor in diesem Abschnitt besprochenen Stärken ganzheitlich betrachten, können wir zu dem Schluss kommen, dass Frauen mit ADHS dank ihrer kognitiven Fähigkeiten in jedem dynamischen Umfeld erfolgreich sein können. Aufgrund ihres schnellen Denkens und ihrer unkonventionellen Herangehensweise können sie sich als Bereicherung für verschiedene Positionen erweisen, die Flexibilität und spontane Entscheidungsfähigkeit erfordern. Dieses schnelle Denken ermöglicht es ihnen, Situationen einzuschätzen und das Wesentliche einer Angelegenheit rasch zu erfassen, was besonders in Szenarien von Vorteil ist, in denen die Zeit drängt. Ihre Fähigkeit, schnell zu denken, geht Hand in Hand mit ihrer Anpassungsfähigkeit an sich verändernde Situationen. Diese Anpassungsfähigkeit ist eine wichtige Fähigkeit in Umgebungen, die durch Unvorhersehbarkeit gekennzeichnet sind, da sie ihre Vorgehensweise schnell anpassen können, ohne sich von starren Plänen einschränken zu lassen.

## Sie haben einen unternehmerischen Geist

Frauen mit ADHS sind die besten Unternehmerinnen, denn sie werden mit einer Fülle von Eigenschaften geboren, die sie direkt zum Erfolg führen. Es gibt mehrere Unternehmerinnen mit ADHS, die sich in ihren jeweiligen Branchen einen großen Namen gemacht haben. Emily Hinks ist in dieser

Hinsicht ein großes Vorbild. Sie ist die Gründerin von *Mischief Makers*, einer Agentur, die sich auf die Verbesserung interaktiver Meetings und Workshops für Organisationen spezialisiert hat. Zu den Kunden dieses Unternehmens gehören so bekannte Namen wie die UNO, Spotify, IDEO und Patagonia. Auch Hinks hat ADHS, aber sie hat es nie zwischen sich und ihre Ziele kommen lassen. Sie definiert ADHS als eine Quelle ihrer "neurodiversen Superkräfte".

Zusammenfassend lässt sich sagen, dass Frauen mit ADHS eine wichtige Triebkraft für Kreativität und Innovation sein können, ganz gleich, ob es sich um die Arbeit im Team oder um Ärger im Arbeitsumfeld handelt. Ihr Enthusiasmus ist bekanntlich ansteckend. Es ist an der Zeit, dass Sie diese Stärken entdecken und jetzt damit beginnen, sie sich zu eigen zu machen. Ihre Fähigkeit, Verbindungen zwischen scheinbar nicht zusammenhängenden Konzepten zu erkennen, kann in Verbindung mit Ihrem unbändigen Enthusiasmus zur Entwicklung neuer Ideen und Lösungen führen. Sie müssen nur an sich selbst glauben. Ihr Enthusiasmus kann zu einem Katalysator werden, der andere dazu bringt, aus ihrer Komfortzone herauszutreten und neue Wege zu beschreiten.

## Erkennen Sie Ihre einzigartigen Stärken

*"Organisiert sein mag für uns anders aussehen, aber unsere innovativen Ansätze führen oft zu den kreativsten Lösungen." - Kate Kelly und Peggy Ramundo.*

Kelly und Ramundo haben das zu Recht gesagt. Im vorherigen Abschnitt haben wir die Stärken, die Sie bereits in sich tragen, erkannt und gewürdigt. Jetzt ist es an der Zeit, diese Superkräfte hervorzuholen und die Welt sehen zu lassen, wie Sie strahlen.

Jetzt müssen Sie sich fragen: "Was nützen mir diese Fähigkeiten, wenn ich mich nicht konzentrieren und aufpassen kann, während ich die einfachsten Aufgaben erledige?" Ich fühle mit Ihnen. Ich habe früher jedes Mal dasselbe gedacht, wenn mich jemand darauf hingewiesen hat, dass ich ein Supergenie und besonders talentiert bin. Im Laufe der Jahre habe ich gelernt, dass unsere Stärken tief in uns schlummern und dass wir nur so unser Potenzial nutzen können, um etwas wirklich Einzigartiges zu schaffen. Also, sind Sie bereit, Ihre Stärken zu erkennen? In diesem Abschnitt lernen Sie einige praktische Möglichkeiten kennen, wie Sie Ihre verborgenen Qualitäten aufdecken oder durch Planung und Management verbessern können. Lassen Sie uns beginnen!

# Nutzen Sie Ihre Kreativität

Kreativität ist Ihre stärkste Persönlichkeitseigenschaft. Da Sie in der Lage sind, anders zu denken, versetzt Sie das in eine einzigartige Position, in der Sie erstaunliche Ideen entwickeln können. Alles, was Sie tun müssen, ist, sich diese Kreativität zunutze zu machen und sie in etwas Fruchtbares zu verwandeln. Es ist schwierig und frustrierend, Ihre unkonventionellen Ideen in die Tat umzusetzen, wenn es Ihnen an Aufmerksamkeit und Konzentration fehlt. Lassen Sie mich Ihnen also einige bewährte Techniken zeigen, die Ihnen helfen werden, Ihre Kreativität zu entdecken und zu nutzen!

## Mind Mapping

Diese Methode ist eine leistungsstarke visuelle Technik, die alle Informationen im Gehirn organisiert und strukturiert, um die Art und Weise, wie wir natürlich denken, widerzuspiegeln. Sie erfordert die Erstellung eines Diagramms des gesamten Prozesses, das mit einer zentralen Idee oder einem Konzept beginnt und sich dann in verwandte Unterthemen und Ideen verzweigt. Diese Verzweigungen können sich weiter in spezifischere Details ausdehnen und bilden eine baumartige Struktur miteinander verbundener Gedanken. Ich möchte Ihnen ein einfaches Diagramm für das Mind Mapping einer Idee zeigen:

Beginnen Sie also mit einem zentralen Thema oder einer Idee, die den Hauptfokus Ihrer Mind Map darstellt. Zum Beispiel, dass Sie Ihr eigenes kleines Unternehmen für Kerzen gründen - das ist Ihre Hauptidee. Dann verzweigen Sie sie mit Schlüsselwörtern und kurzen Sätzen wie Zielsetzung,

Ziele, Budget, Strategie, Aktion und Lösungen. Versuchen Sie, diese Karte so farbenfroh wie möglich zu gestalten, um sie visuell ansprechender zu machen. Sie können einem Zweig weitere Zweige hinzufügen, um Ihre Map zu erweitern. Achten Sie darauf, Ihre Mind Map so flexibel und organisch wie möglich zu halten. Halten Sie sie offen für neue Ideen und neue Zweige, damit Sie Ihre Kreativität voll ausschöpfen können. Sie können diese Map von Hand zeichnen oder digitale Hilfsmittel wie mobile Anwendungen verwenden, die Mind-Mapping-Tools für Menschen mit ADHS anbieten. Ich empfehle hier keine bestimmte Anwendung. Sie können online nach ihnen suchen und diejenige verwenden, die für Ihre Bedürfnisse am besten geeignet ist.

## Unkonventionelle Kombinationen

Die nächste gute Übung, um Ihre Kreativität zu nutzen, ist das Verbinden von zwei nicht miteinander in Beziehung stehenden Objekten, Konzepten oder Ideen, um kognitive Flexibilität und Innovation zu fördern. Bei dieser Übung nehmen Sie zwei scheinbar nicht zusammenhängende Dinge und finden verschiedene Möglichkeiten, sie durch kreative Assoziationen oder Analogien miteinander zu verbinden. Nehmen Sie z.B. das Beispiel einer Gummiente und eines Wolkenkratzers oder einer Uhr und der Liebe. Denken Sie nun an eine Verbindung zwischen den beiden Elementen. Vielleicht sehen Sie eine Verbindung zwischen ihnen in Bezug auf ihre Funktionen, Qualitäten, die Emotionen, die sie hervorrufen, oder ihre Erscheinungen. Das kann alles sein. Finden Sie eine Gemeinsamkeit oder eine Analogie, um zwei beliebige Dinge miteinander zu assoziieren. Sie können diese Übung auch mit Ihren Freunden oder mit Ihrer ADHS-Gemeinschaft durchführen, und es wird eine spannende Erfahrung sein.

## Strom des Bewusstseins Schreiben

Eine weitere großartige Aktivität, die ich persönlich beim Schreiben dieses Buches als sehr hilfreich empfunden habe, ist die Schreibübung "Bewusstseinsstrom". Bei dieser Technik legen Sie eine Zeit von 15 Minuten fest und schreiben alle Ihre Gedanken auf, ohne unterbrochen zu werden. Sie müssen nicht aufhören zu bearbeiten, Fehler oder Grammatikfehler zu korrigieren; schreiben Sie einfach für die festgelegte Zeitspanne weiter. Das ist eine großartige Aktivität für uns, denn sie hilft uns, unsere Gedanken zu straffen und sie mit reiner Konzentration niederzuschreiben.

Um diese Übungen durchzuführen, müssen Sie bestimmte Maßnahmen ergreifen. Suchen Sie sich zum Beispiel einen ruhigen Platz, um sich hinzusetzen und zu schreiben. Achten Sie darauf, dass niemand in der Nähe ist, der Sie während dieser Zeit unterbrechen könnte, und stellen Sie auf Ihrem Handy eine Zeit von 10-15 Minuten ein. Ich schlage vor, mit 10 Minuten pro Tag zu beginnen und diese Zeit nach ein paar Tagen auf 15 Minuten zu erhöhen. Sobald Sie so weit sind, beginnen Sie damit, Ihre Ideen auf Papier oder in einer Datei festzuhalten. Achten Sie darauf, dass Sie sich beim Schreiben nicht selbst zensieren oder beurteilen. Lassen Sie Ihren Gedanken freien Lauf. Selbst wenn Sie das Gefühl haben, dass Sie nichts zu schreiben haben, schreiben Sie: "Ich weiß nicht, was ich schreiben soll", aber hören Sie nicht auf. Denken Sie daran, dass dies nur eine Möglichkeit ist, Ihren Verstand dazu zu bringen, seine Fähigkeiten zu nutzen; es ist kein Schreibwettbewerb, also entspannen Sie sich und machen Sie weiter. Wenn der Timer abgelaufen ist, lesen Sie, was Sie geschrieben haben; Sie werden von Ihrem Denkprozess überrascht sein. Üben Sie diese Übung regelmäßig, um die besten Ergebnisse zu erzielen.

## Visuelle Erkundung

Gehen Sie aus dem Haus und in eine vertraute Umgebung und zwingen Sie sich, die Details zu betrachten, die Sie normalerweise ignorieren. Machen Sie sich Notizen, zeichnen Sie Bilder oder notieren Sie kurze Beschreibungen von allem, was Sie sehen. Das wird Ihnen helfen, einen unkonventionellen Blickwinkel zu entwickeln. Das Anfertigen von Collagen, die Ihre Leidenschaften, Bestrebungen und Gefühle widerspiegeln, ist eine weitere unterhaltsame Möglichkeit, Ihren eigenen Geist kennenzulernen.

## Zufällige Wortassoziation

Das Erlernen von Wortassoziationen ist ein großartiges Werkzeug für Ihren Verstand. Diese Assoziation von Wörtern lässt Sie an mehrere Möglichkeiten denken. Nehmen wir an, Sie nehmen ein zufälliges Wort wie "Galaxie" und sehen, wohin Ihr Verstand Sie führt. Bei dem Wort "Galaxie" stellen Sie sich vielleicht Bilder von den Weiten des Weltraums oder von hochmodernen Smartphones vor. Das Wort "Galaxie" ist aber auch mit zahlreichen anderen Bereichen verbunden, von der Kunst bis zu den Wissenschaften, von der Realität bis zur Fiktion, was die komplexe Beziehung zwischen Sprache und den Horizonten des menschlichen Geistes verdeutlicht. Sie können sich auch mehrere andere Wörter überlegen und dann dieses Spiel spielen. Sie können dieses Spiel auch mit Ihren anderen Freunden spielen.

## Tägliches Kreativitätsjournal

Ein Tagebuch zu führen kann Vorteile haben. Es ermöglicht Ihnen, die Gedanken, Beobachtungen und Momente der Inspiration festzuhalten, die Ihnen im Laufe des Tages in den Sinn kommen. Betrachten Sie es als Ihre Leinwand, auf der Sie all Ihre Gefühle und Gedanken frei ausdrücken können. Wenn Sie diese Momente der Einsicht auf dem Papier festhalten, ist es, als würden Sie Glühwürmchen in einem Glas einfangen und ihren Glanz für die Zukunft bewahren. Ideen, die uns im Laufe des Lebens im Kopf herumschwirren, können leicht vergessen werden, wenn wir uns nicht die Zeit nehmen, sie aufzuschreiben. Sobald sie auf Papier festgehalten sind, gewinnen sie ein Gefühl von Dauerhaftigkeit und Bedeutung.

## Kreatives Spiel

Aktivitäten wie Zeichnen, Malen, Skizzieren, Basteln oder das Spielen eines Musikinstruments, das Ihnen Spaß macht, sind eine wunderbare Möglichkeit, Ihre innere Kreativität zu entfalten. Wenn Sie zum Pinsel greifen, eine Melodie singen oder stricken, können Sie der Welt Ihr wahres Ich offenbaren. Der Geist findet in diesen Momenten Zuflucht vor der Außenwelt und versetzt sich in einen Zustand der Konzentration und des freien Flusses. Wenn Ihre Sinne mit dem Medium interagieren, entsteht ein Dialog zwischen Ihrem Bewusstsein. Die unbewussten Teile des Gehirns können zu neuen Einsichten und Interpretationen führen.

# Intuitive Einsichten zur Problemlösung

Intuitiv zu sein ist Teil Ihrer Erkrankung. Das Ausmaß der Intuition mag bei Frauen mit ADHS unterschiedlich sein, aber wir alle haben diese Stimme in unserem Kopf, die uns das Richtige sagt. Manchmal können wir diese innere Stimme wegen des äußeren Lärms nicht erkennen. Es ist wichtig, dass wir nicht nur unseren starken Sinn für Intuition erkennen, sondern auch die Gewohnheit entwickeln, diese Superkraft zur Lösung von Problemen einzusetzen. In diesem Abschnitt werden wir also genau das tun. Hier sind einige der Gedankenübungen, die ich heute noch praktiziere, um meine Intuition auf Trab zu halten und sie zu nutzen, wann und wo immer es nötig ist.

## Achtsamkeit und Selbsterkenntnis

Achtsamkeit ist die Fähigkeit, im gegenwärtigen Moment zu bleiben und Ihren Geist auf die Aktivitäten zu konzentrieren, die Sie in diesem Moment ausführen. Unser Zustand führt oft dazu, dass wir die Aufmerksamkeit verlieren und in Tagträume abdriften, selbst wenn wir engagierte Aufgaben erledigen. Wenn Sie also in Ihrem täglichen Leben Achtsamkeit üben, können Sie Ihre Intuition in die richtige Richtung lenken. Wie praktizieren Sie Achtsamkeit? Es gibt verschiedene Techniken, die Sie ausprobieren können, um sich zu konzentrieren und präsent zu sein.

Eine Übung, die sich als besonders effektiv erwiesen hat, ist die achtsame Atmung oder Atemmeditation. Sie können dies an einem ruhigen Ort in Ihrem Haus oder an Ihrem Arbeitsplatz tun. Setzen Sie sich bequem hin und schließen Sie Ihre Augen, um sich zu konzentrieren. Beginnen Sie nun, tief einzuatmen und konzentrieren Sie sich auf Ihren Atem, während Sie spüren, wie die Luft in Ihre Lunge ein- und ausströmt. Bei dieser Übung müssen Sie nur an Ihren Atem denken und sich darauf konzentrieren, Ihre

Atemzüge zu zählen. Wenn Ihr Geist abzuschweifen versucht, lenken Sie seine Aufmerksamkeit wieder auf die Atmung. Machen Sie diese Übung jeden Tag mindestens 5 Minuten lang, um effektive Ergebnisse zu erzielen.

Neben dem achtsamen Atmen können Sie auch versuchen, achtsam zu essen und zu gehen. Bei diesen Aktivitäten müssen Sie sich, anstatt sich auf Ihre Atemzüge zu konzentrieren, darauf konzentrieren, Ihr Essen zu kauen oder beim Gehen die Schritte zu zählen. Sobald Sie sich dies zur Gewohnheit gemacht haben, wird Ihr Geist lernen, im Augenblick zu bleiben.

## Stille Reflexion

Selbstreflexion ist ein wirksames Mittel, wenn es darum geht, Ihre Intuition anzuzapfen. Nehmen Sie sich einen Teil des Tages Zeit, um sich hinzusetzen und in Ruhe nachzudenken. Es gibt verschiedene Möglichkeiten, über Ihre Gedanken nachzudenken: Sie können meditieren, ein Tagebuch schreiben oder Zeit in der Natur verbringen. Schaffen Sie sich einen Raum, in dem Sie Ihre inneren Gedanken mit sich selbst in Einklang bringen können.

## "Schlaf drüber!"

Diese Übung wirkt bei mir in jeder komplexen Situation wie ein Wunder. Sehen Sie, jedes Mal, wenn etwas schief geht, gerät unser Verstand in diesen Panikmodus, in dem ihm keine praktische Lösung für ein Problem einfällt, und unsere Intuition tritt in den Hintergrund. Wenn wir während dieser Zeit weiter über eine Lösung nachdenken, könnten wir am Ende ganz falsche oder gar keine Entscheidungen treffen. Geben Sie Ihrem Verstand also am besten etwas Zeit und lassen Sie ihn zunächst alle Informationen verarbeiten. Gehen Sie schlafen und denken Sie noch einmal mit einer ganz neuen Perspektive darüber nach. Danach wird Ihre Intuition das Steuer übernehmen und Ihnen helfen, die schwierige Situation zu meistern.

## Vertrauen Sie Ihrem ersten Instinkt

Wenn Sie Ihre Intuition für sich sprechen lassen wollen, müssen Sie ihrer ersten Reaktion vertrauen. Wann immer Sie sich in einer Situation befinden, in der Sie ein Gefühl haben, wissen Sie, dass es genau das ist, was Ihre Intuition Ihnen rät zu tun. Halten Sie sich an diese erste Reaktion und behalten Sie sie im Hinterkopf, wenn Sie eine endgültige Entscheidung treffen. Manchmal neigen wir dazu, eine Situation zu sehr zu analysieren und uns von äußeren Stimmen das Urteilsvermögen vernebeln zu lassen, so dass unsere Intuition in den Hintergrund tritt. Tun Sie sich das also nicht an. Hören Sie zuerst auf Ihre innere Stimme!

## Begrenzen Sie Ihr Überdenken

Frauen mit ADHS sind die Königinnen des Überdenkens; es ist unsere natürliche Reaktion auf jede Situation, die dazu neigt, intuitive Einsichten zu vernebeln. Anfangs fiel es mir schwer, mit dem Überdenken aufzuhören, aber mit den Übungen, die ich bereits in diesem Abschnitt erwähnt habe, wie z.B. Tagebuchschreiben, achtsames Atmen, Selbstreflexion und Meditation, habe ich die Kunst der Kontrolle meiner Gedanken gemeistert. Sie können das Gleiche tun.

## Nicht-Urteil üben

Wenn Sie Ihre Intuition nutzen wollen, dann hören Sie auf, jede falsche Entscheidung zu kritisieren, die Sie treffen. Wie jede andere Fähigkeit wird auch die Intuition im Laufe der Zeit verfeinert. Je mehr Sie sie nutzen, desto mehr stellt sich Ihr Geist darauf ein. Versuchen Sie also, aus jeder Erfahrung zu lernen und sie als Chance zu sehen, anstatt sich über Ihre Fehler aufzuregen.

# Strategien zur Nutzung von Hyperfokus

*"Hyperfokus: die geheime Zutat, die Ideen in Meisterwerke verwandelt".*

Es ist besser, Ihren intensiven Fokus und Ihre Aufmerksamkeit auf eine einzige Aufgabe zu richten und großartige Ergebnisse zu erzielen als Multitasking zu betreiben. Ja, als ADHSler haben Sie diese natürliche

Tendenz, sich in eine Erfahrung zu vertiefen und Ihre Produktivität auf die nächste Stufe zu heben. Für diesen Hyperfokus gibt es jedoch keine Gebrauchsanweisung. Es ist unsere Aufgabe, die Faktoren zu erkennen, die unseren Hyperfokus aktivieren und unsere Aufmerksamkeit auf eine Sache lenken können. In diesem Abschnitt werde ich Ihnen einige bewährte praktische Techniken vorstellen, die Sie einsetzen können, um Ihren Hyperfokus im Berufs- und Privatleben zu nutzen. Wenn Sie diese Übungen regelmäßig praktizieren, können Sie lernen, den Hyperfokus in jeder Situation zu nutzen.

## Identifizieren Sie Ihre Auslöser

Wir müssen uns in einer bestimmten Situation befinden, in einer bestimmten Umgebung oder bei einer bestimmten Aufgabe, um unseren Hyperfokus zu aktivieren. Die Auslöser sind für jeden unterschiedlich. Ich kann mich zum Beispiel am besten beim Malen und Schreiben konzentrieren. Für Sie kann das alles sein, vom Stricken bis zur Gartenarbeit oder Dekoration. Suchen Sie also nach Ihren Auslösern und gönnen Sie sich weiterhin die Aktivitäten, die Ihnen helfen, sich mit Ihrem Hyperfokus zu verbinden.

## Setzen Sie klare Ziele

Um Verwirrung und Urteile in Schach zu halten, sollten Sie sich klare Ziele für Ihre Hyperfokus-Sitzung setzen. Ich glaube, wenn wir uns klare Ziele setzen, hilft uns das, uns gut auf die jeweilige Aktivität zu konzentrieren. Wenn Sie sich zum Beispiel in eine Malerei vertiefen wollen, sollten Sie sich überlegen, was Sie erreichen wollen und welches Ziel Sie verfolgen. Das hilft Ihnen, sich nicht ablenken zu lassen.

## Zeitblockierung

Es ist eine recht effektive Technik, wenn es darum geht, Ihre Konzentration und Aufmerksamkeit aufrechtzuerhalten. Time Blocking ist eine Technik, bei der Sie die Gesamtzeit in kleinere Blöcke unterteilen, um eine Aufgabe zu erledigen. Sie können eine Stunde in zwei Blöcke zu je 20 Minuten aufteilen und zwischen den Blöcken jeweils 20 Minuten Pause machen. Indem Sie einen bestimmten Zeitabschnitt für eine Tätigkeit festlegen, können Sie sich ganz ohne Ablenkungen auf diese konzentrieren. Ich begann mit der Technik des Zeitblocks, indem ich meine Zeitblöcke plante und meine Liste der täglichen Aktivitäten aufschrieb. So habe ich mir angewöhnt, für jede Arbeit eine bestimmte Zeit einzuplanen. Hier ist eine Vorlage für die Zeitblockierung, die ich verwende, um meine geplanten Aktivitäten aufzuschreiben. Sie können die gleiche Idee verwenden, um Ihren Tag zu planen.

## Ablenkungen minimieren

Während Sie die Technik des Zeitblockierens anwenden, ist es wichtig, Ablenkungen aus unserer unmittelbaren Umgebung zu minimieren, um sich konzentrieren zu können. Halten Sie Ihr Handy fern, schalten Sie Benachrichtigungen aus und suchen Sie sich einen abgelegenen Ort, um während der festgelegten Zeit zu arbeiten.

## Aufgaben aufteilen

Am besten unterteilen Sie jede Aufgabe in mehrere kleinere Aufgaben, um sie handhabbar zu machen. Genauso wie Sie die Zeit nach der Technik des Zeitblockierens aufteilen würden, unterteilen Sie größere Aufgaben in kleinere, um Ihren Fokus scharf und gezielt zu halten. Normalerweise schreibe ich meine Ziele in mein Tagebuch und unterteile diese Ziele dann in Zielvorgaben. Während ich die kleineren Ziele aufschreibe, weise ich jedem ein Zeitlimit zu und stimme es mit meinem Tagesplan ab. So muss ich nicht jedes Mal, wenn ich mich hinsetze, um an einer Aufgabe zu arbeiten, nachdenken und Ideen sammeln, um loszulegen; ich habe bereits einen Plan geschrieben und werde ihn durchziehen.

## Verwenden Sie visuelle Erinnerungshilfen

Sie sollten Ihren Arbeitsplatz mit visuellen Erinnerungshilfen ausstatten, die Ihnen helfen, sich sowohl an die anstehende Aufgabe als auch an Ihr Gesamtziel zu erinnern. Wenn Sie das Gefühl haben, dass Ihre Gedanken abschweifen, können diese Fragen Ihnen helfen, wieder auf den richtigen Weg zu kommen.

## Abwechslung und Rotation

Sie sollten neue Ansätze ausprobieren, um ein Burnout zu vermeiden und das Interesse Ihrer Mitarbeiter an ihrer Arbeit zu erhalten. Obwohl es viel geistige Anstrengung und Konzentration erfordert, kann der Hyperfokus auf ein einziges Thema über einen längeren Zeitraum aufrechterhalten werden.

### Kombinieren Sie Hyperfokus mit täglichen Aufgaben

Die Hyperfokussierung auf alltägliche Aufgaben, die Sie normalerweise als schwierig oder lästig empfinden, ist ein todsicherer Weg, um Ihre Produktivität zu steigern. Wenn Sie einer Aufgabe Ihre ungeteilte Aufmerksamkeit widmen, werden Sie wahrscheinlich auch die anderen Aufgaben schneller erledigen.

Ich weiß, dass Sie vielleicht mit keiner der hier beschriebenen Methoden Erfolg haben. Jeder Mensch hat eine etwas andere Art zu denken. Wenn es Ihnen also schwer fällt, sich zu konzentrieren, seien Sie nicht zu streng mit sich.

# Strategien für persönliches und berufliches Wachstum

Für ein erfolgreiches persönliches und berufliches Wachstum sollten Sie zunächst eine interne Bewertung vornehmen. Denken Sie einen Moment lang über die vielen Lebensbereiche nach, in denen Sie wirklich glänzen. Denken Sie auch an alles, was Sie erlebt haben, sprechen Sie mit den Menschen, die Ihnen nahe stehen, und überlegen Sie, was Ihr Blut in Wallung bringt. Sie können damit beginnen, Ihre Fähigkeiten zu verbessern, indem Sie über Ihr derzeitiges Leistungsniveau nachdenken. Versuchen Sie, sich auf Ihre Stärken zu konzentrieren und erstellen Sie einen Plan für die Zukunft, der diese Stärken voll ausschöpft.

Das nächste, was Sie tun sollten, ist, Pläne auf der Grundlage Ihrer derzeitigen Stärken zu erstellen. Überlegen Sie sich, wie Sie Strategien entwickeln, die Ihre besten Eigenschaften hervorheben. Überlegen Sie, wie Sie Ihre besten Eigenschaften nutzen können, um Herausforderungen zu meistern und sich bietende Chancen zu ergreifen. Es ist, als ob Sie eine persönliche Karte der Welt von Grund auf neu erstellen. Streben Sie immer danach, eine bessere Version von sich selbst zu werden. Wenn Ihre Fähigkeiten auf dem Niveau eines Superhelden sind, sollten Sie aufsteigen. Bilden Sie sich weiter und bereichern Sie Ihren Geist. Je mehr Sie Ihre Fähigkeiten verfeinern, desto größer wird Ihre Anpassungsfähigkeit und Stärke sein.

Bei der Diskussion über Einschränkungen schlage ich eine clevere Umgehung vor, indem Sie mit anderen zusammenarbeiten oder Verantwortlichkeiten zuweisen. Widmen Sie Ihre volle Aufmerksamkeit dem, was Sie gut können, und delegieren Sie den Rest. Die Einbindung von Experten in Ihren Schwachstellen kann Ihren Wettbewerbsvorteil völlig verändern. Es ist wichtig, auf sich selbst aufzupassen und einen goldenen Mittelweg zu finden. Die Maximierung Ihres Potenzials ist ein lobenswertes Ziel, aber es ist nicht klug, dies auf Kosten Ihrer Gesundheit zu tun. Achten Sie auf einen ausgewogenen Lebensstil, indem Sie Pausen einlegen und Ihre eigenen Bedürfnisse in den Vordergrund stellen. Sie müssen Ihr derzeitiges Niveau an Gesundheit und Glück aufrechterhalten. Die Entwicklung von Fachwissen erfordert beständiges Üben. Es ist notwendig, dass Sie Ihre starken Muskeln regelmäßig in verschiedenen Kontexten herausfordern. Sie werden an Selbstvertrauen und Kompetenz gewinnen, wenn Sie sie häufiger einsetzen.

Haben Sie jemals daran gedacht, um Feedback zu bitten? Teilen Sie Ihre Fortschritte bei der Entwicklung Ihrer Fähigkeiten mit einem Mentor, einem zuverlässigen Mitarbeiter oder einem engen Freund. Es ist, als würden Sie in einen Spiegel schauen, der Ihnen Ihr bestes und Ihr schlechtestes Ich reflektiert. Probieren Sie neue Dinge innerhalb Ihrer Fähigkeiten aus, um sich selbst herauszufordern. Versetzen Sie sich in die Lage, erfolgreich zu sein, indem Sie sich selbst anspornen, Ihre hochgesteckten Ziele zu erreichen. Die Fähigkeit, in schwierigen Zeiten durchzuhalten, ist ein unbezahlbares Gut.

Vergessen Sie nicht, Ihre Erfolge zu dokumentieren und vor der ganzen Welt damit zu prahlen. Verfolgen Sie Ihre Entwicklung, während Sie sich auf Ihre besten Eigenschaften konzentrieren und positive Ergebnisse sehen. Legen Sie ein Sammelalbum an, um Ihre Erfolge festzuhalten, und nutzen Sie sie als Motivation, um sich zu verbessern. Wenn Sie etwas zurückgeben, zeigt das, wie sehr Sie etwas schätzen. Sie müssen anderen beibringen, was Sie gelernt haben. Wenn Sie der Welt etwas zurückgeben, indem Sie das, was Sie gelernt haben, mit anderen teilen, kann das Ihr Vertrauen in Ihre Fähigkeiten stärken.

Kommunizieren Sie mit Menschen, die Sie ermutigen und inspirieren, sich weiterzuentwickeln. Das Kennenlernen neuer Menschen kann zu überraschenden Entdeckungen, spannenden Möglichkeiten und fruchtbaren Partnerschaften führen. Seien Sie praktisch, wenn es darum geht, sich anzupassen. So wie sich Ihre Situation entwickelt, können sich auch Ihre Fähigkeiten weiterentwickeln. Überlegen Sie sich ständig neue Anwendungsmöglichkeiten für sie.

Unsere persönliche und berufliche Zukunft wird klarer, wenn wir unsere Stärken erkennen und aus ihnen Kapital schlagen. Hören Sie nie auf, sich weiterzuentwickeln, und verlassen Sie sich immer auf Ihre besten Eigenschaften als Ausgangspunkt. Sie zeigen Ihnen die richtige Richtung und machen Sie fit für den Erfolg. Nutzen Sie Ihre Fähigkeiten und lassen Sie sich auf dieses spannende Abenteuer ein.

# Kreativität im täglichen Leben und bei der Arbeit

Lassen Sie uns einen Blick auf etwas werfen, das Ihre Tage verbessern könnte, besonders wenn Sie eine Frau mit ADHS sind: Geben Sie sich mehr Zeit, um kreativ zu sein. Wenn Sie mich fragen, kann es einen großen Unterschied machen, wenn Sie Ihre regelmäßigen Aktivitäten mit Fantasie aufpeppen. Es ist eine großartige Möglichkeit, den Kopf frei zu bekommen und gleichzeitig Ihre Konzentration zu steigern. Machen Sie über den Tag verteilt mehrere kurze, angenehme und erfrischende Pausen, um etwas Neues zu entdecken. Mit anderen Worten: Nehmen Sie sich zehn bis fünfzehn Minuten Zeit für eine kreative Tätigkeit, die Sie am meisten reizt. Versuchen Sie, gleich morgens zu meditieren, um Ihre Gedanken zu ordnen und Ihre kreativen Säfte für den Tag in Gang zu bringen. Versuchen Sie, in ein Tagebuch zu schreiben, zu kritzeln oder ein paar Melodien auf der Gitarre anzustimmen. Ein kreativer Funke wie dieser kann die kommenden Stunden viel besser aussehen lassen.

Bringen Sie Ihren Körper in Bewegung und Ihr Gehirn mit etwas achtsamer Bewegung auf kreative Gedanken. Machen Sie etwas Aktives wie Tanzen, Yoga oder einen Spaziergang und lassen Sie Ihre Gedanken schweifen. Nutzen Sie Routineaktivitäten als Mittel, um Ihre einzigartige Persönlichkeit zum Ausdruck zu bringen. Wenn Sie viel Zeit in der Küche verbringen, können Sie mit neuen Geschmacksrichtungen und Gerichten experimentieren.

Brauchen Sie manchmal ein ruhiges Plätzchen, um ein Blatt zu zeichnen? Kritzeln und Skizzieren sind hilfreiche Werkzeuge für das Zeitmanagement, weil sie kreative Gedanken fördern und gleichzeitig die Aufmerksamkeit fokussieren. Stellen Sie sich vor, Sie arbeiten in einer Umgebung, die sich so schnell verändert wie Ihre Gedanken. Geben Sie ihm die Möglichkeit, sowohl ernsthafte Arbeit als auch phantasievolles Spiel zu betreiben. Es ist einfacher, kreativ zu sein, wenn Sie viele verschiedene Möglichkeiten haben, die Sie erkunden können.

## Tipps für die Zielsetzung

Wir setzen uns Ziele, um konzentriert zu bleiben, nicht wahr? Aber beim Setzen von Zielen geht es nicht nur darum, Dinge auf einer Liste abzuhaken, sondern auch darum, einen umfassenden Plan für den Erfolg zu erstellen. Um einen solchen Plan zu entwerfen, müssen wir unsere Ziele so genau wie möglich definieren. Sagen Sie zum Beispiel nicht: "Ich möchte fit werden", sondern: "Ich möchte dreimal pro Woche 30 Minuten joggen." Allgemeine Ziele sind schwer zu erreichen, während Sie, wenn Sie sie spezifizieren, einen umsetzbaren Plan erstellen können, um sie zu verwirklichen.

Ich möchte Ihnen ein Kriterium nennen, das ich persönlich verwendet habe und das wie ein Wunder wirkt. Es ist das SMART-Kriterium. Es ist wichtig, sich SMART-Ziele zu setzen, das ist die Abkürzung für:

- Spezifisch
- Messbar
- Erreichbar
- Relevant
- Zeitbasierte

Dies ist mehr als nur ein Akronym; es ist Ihre Eintrittskarte zu einer schlanken und effektiven Zielsetzung. Diese kleine und knackige Formel hilft uns, Aufgaben zu priorisieren und Ziele zu setzen, die messbar und erreichbar sind. Stellen Sie sich einfach einen Plan vor, in dem Sie Ihre Ziele detailliert auflisten und in eine Rangfolge bringen. So können Sie Ihren Fokus und Ihre Energie dorthin lenken, wo sie am meisten bewirken und Ihren Stresspegel senken. Möchten Sie Ihre Ziele nach dieser Formel formulieren? Nun, hier ist eine Tabelle, die Sie verwenden können.

Ein weiterer wichtiger Faktor bei der Festlegung Ihrer Ziele ist, dass Sie zunächst kleinere Ziele erreichen. Diese Methode ist vergleichbar mit der Unterteilung eines Puzzles. Um sich von Ihren Zielen nicht abschrecken zu lassen, sollten Sie sie außerdem aufschreiben und an einem Ort platzieren, an dem Sie sie immer sehen können. Eine Visionstafel oder eine andere visuelle Darstellung Ihrer Ziele kann als persönliche Erinnerung dienen, die Sie jedes Mal daran erinnert, warum Ihre Bemühungen einen Unterschied machen, wenn Sie sie betrachten. Denken Sie daran, dass Sie beim Schreiben Ihrer Ziele keine abwertende Sprache verwenden sollten. Schreiben Sie Sätze wie "Ich werde Prioritäten setzen und Aufgaben zeitnah erledigen" statt "Ich werde nicht aufschieben." Es kommt nur darauf an, wie Sie es präsentieren.

Mehrere Ziele in Ihrem Leben zu haben, bereichert diesen Prozess ebenfalls. Achten Sie also darauf, kurzfristige Erfolge mit langfristigen Zielen zu mischen, damit Sie immer selbst motiviert bleiben und Lust auf mehr haben. Die Energie, die Sie aus diesen kleinen Erfolgen schöpfen, können Sie nutzen, um weiter auf Ihr Endziel hinzuarbeiten. Wenn Sie ein Ziel erreicht haben, werfen Sie Konfetti in die Luft oder klopfen Sie sich selbst auf die Schulter, um zu feiern. Selbst die kleinsten Erfolge sind es wert, dass Sie sie feiern und stolz darauf sind. Solche Taktiken der positiven Verstärkung sollten Sie häufiger anwenden.

Während Sie auf Ihr Ziel hinarbeiten, ist es in Ordnung, sich von der Zufälligkeit des Lebens beeinflussen zu lassen. Anstatt streng zu sein, sollten Sie flexibel sein, denn das verschafft Ihnen einen Puffer. Scheuen Sie sich nicht, Kurskorrekturen vorzunehmen, aber verlieren Sie dabei nicht das große Ganze aus den Augen. Seien Sie freundlich zu sich selbst und geben Sie sich die Freiheit, Ihre Stärken zu nutzen, um alle Ihre Ziele zu erreichen.

# Wie können Sie Ihren Hyperfokus kanalisieren?

Meine Damen! Ihr Hyperfokus ist bereits vorhanden; Sie müssen ihn nur kanalisieren. Es gibt jetzt viele Möglichkeiten, wie wir diese Superkraft für großartige Ergebnisse nutzen können. Bevor wir diese Kraft nutzen können, ist es wichtig, dass wir sie erkennen. Erfahren Sie, was Ihren Fokus auslöst, wie lange dieser Fokus typischerweise anhält und wie häufig er auftritt, damit Sie sich besser darauf vorbereiten können. Zu wissen, wann und wie Sie diesen Hyperfokus kanalisieren können, ist wie ein Geheimdecoder.

Der nächste große Schritt besteht darin, die Ziele oder Aktivitäten auszuwählen, die Sie interessieren, und Ihr Potenzial zu maximieren. Wenn

Sie etwas tun, das Sie wirklich lieben, können Sie gar nicht anders, als sich zu fokussieren. In dieser Zeit ist es wichtig, Prioritäten zu setzen. So können Sie sich auf das konzentrieren, was bis zu einem bestimmten Zeitpunkt erledigt werden muss. Es kann verhindern, dass Sie durch übermäßige Konzentration einen Tunnelblick entwickeln, denn sonst würden Sie am Ende immer wieder die gleichen Dinge tun. Halten Sie Ihren Zeitplan abwechslungsreich und treiben Sie sich selbst Stück für Stück dazu an, neue und gesunde Aktivitäten in Ihren Tagesablauf einzubauen. Stellen Sie Timer ein, um Ihre Konzentration auf eine bestimmte Zeit zu lenken.

Es hat sich auch gezeigt, dass kurze körperliche Aktivitäten die geistige Müdigkeit verringern und die Konzentration wiederherstellen. Sie können Ihre Fähigkeit, Episoden von Hyperfokus zu erkennen und damit umzugehen, verbessern, indem Sie sich selbst besser wahrnehmen. Überprüfen Sie dabei regelmäßig Ihre Fortschritte und passen Sie Ihre Strategie bei Bedarf an. Und Sie sollten wissen, dass es Zeit, Mühe und Anpassungsfähigkeit erfordert, wenn Sie lernen, Ihren Hyperfokus zu zügeln. Ihre Erfahrungen sind einzigartig, genau wie Ihre Persönlichkeit, also lenken Sie Ihren Fokus so gut Sie können.

# Kapitel 4: Herausforderungen meistern - Praktische Strategien für das tägliche Leben

*"Mit ADHS wird jede Herausforderung, die ich meistere, zu einem Sprungbrett in eine Zukunft, die ich gestalte."*

Wir alle wissen, dass Herausforderungen zu dieser besonderen Situation gehören, die wir haben. Vom Zeitmanagement über die Organisation von Dingen bis hin zum Umgang mit Beziehungen - alles scheint ein Kampf zu sein. Aber in diesem Teil des Buches möchte ich Sie wissen lassen, dass Sie trotz aller Schwierigkeiten, mit denen Sie heute konfrontiert sind, die Herausforderungen überwinden und den Wind zu Ihren Gunsten drehen können. Alles, was Sie dazu brauchen, ist der Wille, die Dinge für sich selbst zu verbessern und ein paar wirksame Strategien, die Sie in Ihr tägliches Leben einbauen können. Ob in der Ausbildung, zu Hause oder am Arbeitsplatz - es gibt einige wirksame Hilfsmittel, die Ihr Leben verändern, mit denen Sie sich besser konzentrieren, organisiert bleiben und bei allem, was Sie tun, brillieren können.

# Schwierigkeiten bei der Organisation und beim Zeitmanagement

Lassen Sie uns über etwas sprechen, das viele von uns mit ADHS gemeinsam haben: die Schwierigkeit, Ordnung in unserem Leben zu halten und das Beste aus unserer Zeit zu machen. Diese Situationen, in denen Sie Ihre Schlüssel nicht finden oder die Zeit nicht im Blick behalten können, habe ich selbst erlebt und weiß, wie sich das anfühlt. Es fühlt sich manchmal so an, als ob das Leben mit einer anderen Frequenz abläuft. Das Jonglieren mit mehreren Aufgaben, das Einhalten von Zeitplänen und das Erreichen von Terminen ist wie der Versuch, viele Schmetterlinge gleichzeitig zu fangen. In solchen Momenten fragen wir uns oft, warum unser Geist und unser Körper sich nicht wie andere verhalten können. Warum können wir die Zeit nicht managen? Es findet ein natürlicher und ständiger Kampf statt, aber wissen Sie was? Machen Sie sich keine Sorgen, Sie sind nicht allein. Wir alle kämpfen darum, das Chaos, das sich in unser tägliches Leben einschleicht, in den Griff zu bekommen. Um alles unter Kontrolle zu halten, wenden Sie diese Strategien regelmäßig an und sehen Sie, wie sie ihre Wirkung entfalten!

## Planen Sie kreative Pausen

Betrachten Sie Ihren Tag als eine leere Leinwand, auf die Sie malen können, was Sie wollen. Und wie? Nun, während Sie verschiedene wichtige Aufgaben erledigen, schaffen Sie zwischen diesen Aufgaben Raum für kreative Pausen. Nehmen Sie sich zehn bis fünfzehn Minuten Zeit, um etwas Kreatives zu tun, sei es, dass Sie kritzeln, in ein Tagebuch schreiben oder anderen kreativen Tätigkeiten nachgehen, die Sie inspirieren. Diese Pausen dienen nicht nur der geistigen Entspannung, sondern können Ihren Tag auch mit Inspiration und purer Freude erfüllen. Lassen Sie Ehrfurcht und Staunen durch Ihren Tag fließen. Das wird Ihrer Seele gut tun.

## Achtsamkeit am Morgen

Es ist sehr empfehlenswert, einige Achtsamkeitsübungen in Ihre tägliche Routine einzubauen. Beginnen Sie jeden Tag mit einer künstlerischen Praxis, sei es Schreiben, Malen oder das Spielen eines Instruments aus dem Herzen heraus. Dies ist mehr als nur ein Ritual; es läutet das Glück ein, indem es ein mystisches Portal öffnet. Die Morgensonne erhellt Ihre Arbeit auf einzigartige Weise und sorgt für eine positive Stimmung. Diese kreative Morgendämmerung in Ihr Leben einzuladen, ist wie das Dirigieren einer Symphonie guter Schwingungen, die den ganzen Tag über erklingen und Ihrem Geist und Ihrer Seele Frieden und Harmonie bringen wird. Der Morgen ist eine frische Leinwand, die Sie mit den Farben der Freude und Kreativität schmücken können.

## Verwenden Sie achtsame Bewegung

Beginnen Sie etwas Neues, das körperliche Aktivität und phantasievolle Erkundung miteinander verbindet, indem Sie Ihren Körper dem Rhythmus der Kreativität aussetzen. Tanzen, Yoga oder jede andere Form von körperlicher Aktivität kann ein Medium für kreativen Ausdruck sein und nicht nur ein Mittel für einen gesünderen Körper. Anmutige Bewegung, wie Tanzen oder absichtliches Dehnen, beansprucht nicht nur Ihre Muskeln, sondern lässt auch Ihren Geist frei schweifen. Während Sie sich wiegen, drehen und nach den Sternen greifen, lassen Sie Ihren inneren Künstler heraus und hinterlassen Ihre Spuren in der Welt. Dieser Ausdruck der Befreiung durch Tanz ist mehr als nur ein Mittel, um in Form zu kommen. Nutzen Sie Ihren Körper als Instrument und Ihre Gedanken als Musik für dieses freudige und inspirierende Abenteuer.

## Bringen Sie Kreativität in Ihre Routineaufgaben

Stellen Sie sich eine Welt vor, in der alltägliche Aufgaben zu einer lebendigen und großartigen Möglichkeit werden, Ihre künstlerische Seite zu zeigen. Ähnlich wie beim Erlernen von Lebensmitteln ist es mehr als nur eine Chance, das Kochen zu lernen; es ist ein aufregendes Abenteuer in die verschiedenen Geschmacksrichtungen der Welt. Wenn Sie kochen, befolgen Sie nicht einfach nur Anweisungen, sondern Sie schaffen ein kulinarisches Meisterwerk - vom Schneiden des Gemüses bis zum Streuen des Salzes. Nehmen Sie die Denkweise eines Kochs an und probieren Sie neue Techniken, Zutaten und Geschmackskombinationen aus, um unvergessliche Mahlzeiten zu kreieren. Während Sie rühren und köcheln, nähren Sie Ihren Körper und Ihren phantasievollen Geist.

## Flexible Arbeitsbereiche schaffen

Flexibilität am Arbeitsplatz ist wichtig für Mitarbeiter, die häufig den Gang wechseln müssen oder sich ganz ihren kreativen Tätigkeiten widmen wollen. Ein flexibles Arbeitsumfeld kann die Produktivität steigern und Stress reduzieren, da die Mitarbeiter leichter von einer Aufgabe zur anderen wechseln können. Eine große Auswahl an leicht verfügbaren Werkzeugen kann bei der Arbeit neue Ideen hervorbringen. Der Zugang zu verschiedenen Ressourcen fördert die Entwicklung anwendbarer Problemlösungsfähigkeiten und eröffnet neue Perspektiven auf die genannten Probleme und Methoden zu deren Lösung.

## Nutzen Sie Brainstorming-Sitzungen

Nehmen Sie sich etwas Zeit für das Brainstorming, damit Sie Ihre Gedanken, Ideen und Konzepte aufzeichnen können, ohne sie zu zensieren oder zu bewerten. Frei fließende Gedanken helfen uns, neue Ideen und Lösungen für alte Probleme zu finden. Wenn neue Ideen gefördert werden und keine Kritik geäußert wird, können großartige Dinge in Bezug auf die Kreativität geschehen. Methodisches Brainstorming hilft bei der Problemlösung und fördert das Entstehen neuer Perspektiven, die zu bahnbrechenden Entdeckungen führen können.

## Versuchen Sie alternative Aufgaben

Die Kombination von Routineaufgaben mit kreativen Aufgaben ist wertvoll, um geistige Stagnation, Langeweile und Müdigkeit zu vermeiden. Sie können Ihr Gehirn aktiv und anpassungsfähig halten, indem Sie systematisch zwischen den beiden Aufgaben wechseln. Routineaufgaben geben uns Disziplin und Erfolgserlebnisse, und die kreative Aufgabe belohnt uns mit neuer geistiger Beweglichkeit und Originalität. Eine strategische Zeit- und Arbeitseinteilung, die sich die natürliche Fähigkeit des Gehirns zunutze macht, schnell zwischen den Aufgaben zu wechseln, kann zu einer befriedigenderen und produktiveren Arbeitserfahrung führen.

## Akzeptieren Sie Ihre Unvollkommenheiten

Eine der stärksten Erkenntnisse, die ich gewonnen habe, ist, meine Fehler zu akzeptieren und meine Unvollkommenheiten anzunehmen. Es ist die Erkenntnis, dass ich ein einzigartiger Mensch bin. Anstatt sich ständig mit anderen zu vergleichen oder frustriert zu sein, müssen Sie anfangen, sich auf das zu konzentrieren, was Sie besonders macht. Manche Tage sind vielleicht ein bisschen stressig, und das ist auch in Ordnung. Durch Selbstmitgefühl werden Sie zu schätzen lernen, dass Ihr Gehirn auf seine eigene erstaunliche Weise funktioniert. Sicher, es gibt Herausforderungen, aber es gibt auch eine Welt der Kreativität, Spontaneität und Innovation, die mit ADHS einhergeht. Indem Sie Ihre Unzulänglichkeiten anerkennen, können Sie beginnen, Ihre Stärken zu feiern und Strategien zu finden, die für Sie am besten funktionieren. Es geht schließlich um Fortschritt, nicht um Perfektion.

# Effektive organisatorische Systeme schaffen

Der erste Schritt besteht darin, unsere Anforderungen ehrlich zu betrachten und dann die Hindernisse zu bewerten. Organisatorische Probleme wie das Aufgabenmanagement, die Zeiterfassung und die Verwaltung von Papierkram müssen nach einer gewissen Selbstbeobachtung genau lokalisiert werden. Mit diesen Informationen können Sie einen Plan erstellen, der zum nächsten Schritt führt, nämlich der Festlegung realistischer Ziele. Ob die Ziele des Systems nun Stressabbau, Produktivitätssteigerung oder die Einhaltung von Fristen sind, sie dienen als Kompass für das Designteam.

Der spaßige Teil beginnt mit der Auswahl der richtigen Werkzeuge. Der Schlüssel liegt darin, die richtige Kombination aus physischen und digitalen Ressourcen zu finden, die unseren Bedürfnissen entspricht. Traditionelle Notizbücher und Planer stehen neben innovativen Apps für das Aufgabenmanagement, und digitale Kalender sind ein Werkzeugkasten, der die Anpassung definiert. Zu den Grundlagen gehören Notizbücher, Stifte, Mappen, Haftnotizen, elektronische Geräte und Stromkabel.

Ein aufgeräumter, gut organisierter Raum ist angenehmer für das Auge und fördert eine stärkere Konzentration auf die Arbeit. Der nächste Schritt zu einer effektiven Organisation besteht darin, die Ziele in kleinere Teile aufzuteilen, die sich leichter bewältigen lassen und weniger Stress verursachen. Methoden wie die Zeitblockierung und die Pomodoro-Technik, auf die ich später noch eingehen werde, können die Zeit zu einer formbaren Ressource machen.

Entdecken Sie die Welt der täglichen und wöchentlichen To-Do-Listen als Ihren Zufluchtsort für alles, was Sie tun müssen. Mit Hilfe von digitalen Anwendungen wie *Taoist*, *Trello* und *Asana* können Sie Ihre Aufgabenlisten und Termine in Ordnung halten. Visuelle Strukturen, die Ihnen einen Überblick verschaffen, wie z.B. regelmäßige Übersichten, ermöglichen es Ihnen, Ihre Fortschritte zu bewerten und Ihre Bemühungen bei Bedarf neu auszurichten. Infolgedessen wird die Praxis der Dokumentation und Archivierung zu einem Ort, an dem wertvolle Ergebnisse, Informationen und Materialien gespeichert und geschützt werden. Die Kategorisierung kann mit Hilfe von farbigen Etiketten und Post-it-Notizen visuell aufgepeppt werden.

# Zeitmanagement und effektive Priorisierung von Aufgaben

Wir alle stehen vor einzigartigen Herausforderungen, die das Zeitmanagement und die effiziente Priorisierung von Aufgaben noch wichtiger machen. Erinnern Sie sich noch daran, wie ich Ihnen empfohlen habe, die Zeit zu blockieren, um die Konzentration zu verbessern? Dieselbe Methode des Zeit- und Aufgabenmanagements kann auch hier erfolgreich eingesetzt werden. Stellen Sie sicher, dass Sie jeder Ihrer Aufgaben einen eigenen Zeitblock in Ihrem Kalender zuweisen. Das sorgt für Ordnung und ermöglicht es Ihnen, sich auf eine einzige Aufgabe zu konzentrieren. Die Zeitblockierung ist nicht das Einzige, was funktioniert; Sie können viele andere Methoden ausprobieren!

## Pomodoro-Technik

Die Pomodoro-Technik ist eine Zeitmanagement-Strategie, bei der Sie Ihre Arbeit in verschiedene 25-Minuten-Intervalle einteilen. Francesco Cirillo, der Mann, der diese Technik entwickelt hat, hat seine Zeit mit einem Kochtimer in Form einer Tomate gemessen, daher der Name. Jedes Intervall, oder "Pomodoro", soll die Produktivität und Konzentration steigern. Auf jedes Pomodoro folgt eine kurze Pause von drei bis fünf Minuten. Wenn Sie vier Pomodoro hintereinander erledigt haben, ist es üblich, eine längere Pause von 15 bis 30 Minuten einzulegen.

# Pomodoro Planer

Tag: _____________________

| Details | Ziel | Aktuell | Verwendete |
|---|---|---|---|
|  |  |  |  |
|  |  |  |  |
|  |  |  |  |
|  |  |  |  |
|  |  |  |  |
|  |  |  |  |

| Startdatum | Enddatum |  | Aufgabe |
|---|---|---|---|
|  |  | ☐ |  |
|  |  | ☐ |  |
|  |  | ☐ |  |
|  |  | ☐ |  |
|  |  | ☐ |  |
|  |  | ☐ |  |

Pausen

| Details |
|---|
|  |
|  |
|  |
|  |
|  |

# ABCD-Methode

Diese Methode ist für uns hilfreich, weil sie Ihnen helfen kann, Ihre Arbeit zu priorisieren und mehr in weniger Zeit zu erledigen. Es ist eine Methode, um produktiv und auf Kurs zu bleiben. Bei dieser Methode teilen Sie die Aufgaben in vier Kategorien ein: A, B, C und D.

Die Aufgaben der Kategorie "A" sind Ihre Aufgaben mit höchster Priorität, denen Sie Ihre volle Aufmerksamkeit widmen sollten. In diese Kategorie können Sie Dinge aufnehmen, die Ihre Ziele erheblich beeinflussen, oder eine Aufgabe, die nicht warten kann. Die wichtigsten Angelegenheiten können erledigt werden, wenn Sie sich zuerst auf die A-Aufgaben konzentrieren.

Als "B" klassifizierte Aufgaben sind als wichtig, aber weniger dringend gekennzeichnet. Diese Aufgaben helfen Ihnen, Ihre ultimativen Ziele zu erreichen, z.B. die Projekte, die Ihnen sehr am Herzen liegen. Sie müssen nicht sofort erledigt werden, aber es hilft, wenn Sie sich an sie herantasten.

Arbeiten, die als "C" eingestuft werden, sind nicht so wichtig. Sie sind im Großen und Ganzen nicht lebenswichtig, müssen aber dennoch erledigt werden. Diese Art von banalen, alltäglichen Aufgaben sind für die Aufrechterhaltung der Ordnung entscheidend.

"D"-Aufgaben sind Aufgaben, die delegiert werden können. Sie müssen erledigt werden, aber Sie müssen es nicht persönlich tun. Wenn Sie diese Aufgaben jemand anderem überlassen, haben Sie mehr Zeit, sich auf das Wesentliche zu konzentrieren.

Diese Methode kann Ihnen helfen, Ihre Aufgaben nach Prioritäten zu ordnen. Beginnen Sie zuerst mit den "A"-Aufgaben, weil diese am wichtigsten sind. Wenn Sie diese von Ihrer Liste abgehakt haben, können Sie zu Kategorie "B" übergehen und Ihren langfristigen Zielen näher kommen. Um die Dinge im Griff zu behalten, müssen Sie je nach Bedarf zwischen den Aufgaben der Kategorien "C" und "D" wechseln. Diese Methode ist ein entscheidender Faktor, wenn es darum geht, Dinge zu erledigen und Stress abzubauen. Sie hilft Ihnen, auf dem richtigen Weg zu bleiben und gibt Ihnen ein Gefühl der Erfüllung, wenn Sie Punkte von Ihrer Liste streichen. Probieren Sie es aus und sehen Sie, ob es bei Ihnen funktioniert!

## Zwei-Minuten-Regel

Die Zwei-Minuten-Regel ist eine einfache, effektive Methode, um die Produktivität zu steigern und die Anhäufung kleiner, zeitraubender Aufgaben zu verhindern. Wenn eine Arbeit in weniger als zwei Minuten erledigt werden kann, dann erledigen Sie sie und legen Sie sie nicht auf Eis. Indem Sie sich um die Dinge kümmern, sobald sie anfallen, vermeiden Sie die Anhäufung von kleinen Aufgaben. Wenn Sie dieses Prinzip anwenden, können Sie Ihre Zeit besser nutzen, indem Sie Aufgaben, die nicht so viel Aufmerksamkeit erfordern, reduzieren. Die mentale Belastung durch eine lange Liste kleinerer Aufgaben kann durch die schnelle Erledigung der einzelnen Punkte verringert werden.

## Wöchentliche Planung

Die Erstellung eines Wochenplans kann für Menschen mit ADHS die Rettung sein. Ein Wochenplan dient als Wegweiser, der es Ihnen ermöglicht, Ihre Zeit und Ressourcen jede Woche effektiver zu nutzen. Also, so geht's: Schreiben Sie montags eine Aufgabenliste für die kommende Woche. Erstellen Sie eine tägliche Aufgabenliste und unterteilen Sie die umfangreicheren Aufgaben in überschaubare Abschnitte. Das nimmt Ihnen den Druck, sich alles auf einmal merken zu müssen. Ihre täglichen Ziele werden kristallklar sein. Diese Art der Vorbereitung ist beeindruckend, weil sie alle Details der Zukunft offenbart. Es ist in Ihrem besten Interesse, Ihren Erfolg zu sichern. Trotz der Störung, die mit ADHS einhergeht, kann ein Plan Ihnen helfen, sich zu konzentrieren und organisiert zu bleiben.

## Tagesrückblick

Es gibt noch eine weitere Methode, die "Tägliche Überprüfung", die Menschen mit ADHS geholfen hat, ihren Tag zu ordnen. Dies ist nur eine freundliche Erinnerung, um zu überprüfen, ob Sie alles richtig gemacht haben. Nach dieser Methode müssen wir nach dem Aufwachen einen Blick auf unseren Zeitplan werfen. Wann wollen Sie mit der Arbeit an diesen Projekten beginnen? Welche konkreten Ziele haben Sie vor Augen? Ein klarer Blick auf die Geschehnisse des Tages ist eine gute Möglichkeit, den Ton anzugeben. Und jetzt kommt der spannende Teil: Es ist schön, Ihre Strategien angesichts unerwarteter Entwicklungen anzupassen, wenn Sie Ihre Aktivitäten täglich Revue passieren lassen.

## Ideen sofort festhalten

Lassen Sie keine Idee verstreichen, ohne sie festzuhalten. Die Fähigkeit, das Nachdenken über einzigartige Ideen und Aufgaben auf später zu verschieben, ist wie ein magisches Werkzeug. Stellen Sie sich vor, Sie sind gerade dabei, etwas zu tun, als Ihnen ein Gedanke oder eine Aufgabe in den Sinn kommt, die Sie nicht vergessen wollen. Wenn Sie sich leicht ablenken lassen, verwenden Sie ein Notizbuch oder Ihr Telefon, um Ihre Gedanken schnell zu notieren, anstatt sie im Kopf zu behalten. Dann müssen Sie sich nicht mehr vorwerfen, dass Sie diese großartige Idee vergessen haben. Ein spezieller Ort, an dem Sie Ihre Ideen aufschreiben, kann Ihren Denkprozess erheblich verändern. Es ist wie ein Netz, das Ihren brillanten Geist auffängt, wenn er von der Aufgabe abweicht.

## Konzentrieren Sie sich auf eine Aufgabe zur gleichen Zeit

Wenn Sie an mehreren Projekten gleichzeitig arbeiten, wird keines Ihre volle Aufmerksamkeit erhalten. Der Versuch, mit mehreren Aufgaben gleichzeitig zu jonglieren, mag im Moment effizient erscheinen, aber er kann Sie ausbremsen. Ihr Gehirn funktioniert am besten, wenn es sich auf einen einzigen Gedanken konzentrieren kann.

# Externe Tools und Technologie

Einige erstaunliche Tools und Technologien von Drittanbietern können die Art und Weise, wie Sie Zeitmanagement und Produktivität angehen, völlig verändern. Im Folgenden finden Sie einige der von mir bevorzugten Methoden zur Organisation und Erledigung von Arbeit:

- ф  Todoist, Any Apps. Do und Microsoft To-Do sind nur einige der verfügbaren Aufgabenverwaltungs-Apps. Es hilft Ihnen, den Überblick zu behalten, denn Sie können Fristen setzen, Aufgaben nach Prioritäten ordnen und Benachrichtigungen erhalten.

- ф  Google Kalender, Apple Kalender und Microsoft Outlook sind nur einige Beispiele für nützliche digitale Kalender. Indem Sie Ereignisse, Termine und Erinnerungen einrichten, können Sie sicherstellen, dass Sie nichts vergessen.

- ф  Apps wie Toggl und RescueTime können Ihnen helfen, zu überwachen, wie viel Zeit Sie für verschiedene Aufgaben aufwenden. Sie helfen dabei, die Zeit zu überwachen, die Sie für bestimmte Aktivitäten aufwenden.

- ф  Apps wie Evernote, OneNote und Notion können Ihr digitales Gehirn sein. Erstellen Sie ein System von Listen, Notizen und Ordnern, um Informationen zu speichern und schnell wiederzufinden.

- ф  MindMeister und XMind sind Beispiele für Mind-Mapping-Software, die Ihnen helfen kann, Ihre Gedanken und Ideen visuell zu ordnen und als To-Do-Liste oder für kreative Sitzungen zu nutzen.

- ф  Apps wie Focus Booster und Be Focused, die als Pomodoro-Timer fungieren, können Ihnen bei der Umsetzung der Pomodoro-Technik helfen, bei der Sie eine bestimmte Zeit lang arbeiten, gefolgt von einer kurzen Pause. Das Ergebnis kann ein dramatischer Anstieg der Arbeitsleistung sein.

- ф  Es ist jetzt möglich, Ihren Zeitplan zu verwalten, Erinnerungen zu setzen und Aufgabenlisten zu erstellen, indem Sie einfach mit einem Sprachassistenten wie Siri, Google Assistant oder Amazon Alexa sprechen.

φ	Apps wie HabitBull und Habitica können Ihnen dabei helfen, die Gewohnheiten, die Sie ausbilden möchten, im Auge zu behalten und gute Routinen zu verstärken.

φ	Apps wie Medisafe können Ihnen helfen, sich an die rechtzeitige Einnahme Ihrer Medikamente zu erinnern, indem sie Ihnen Warnmeldungen schicken.

φ	Apps wie Noisli und Brain. FM kann weißes Rauschen oder Instrumentalmusik abspielen, die Ihnen helfen soll, sich auf Ihre Arbeit zu konzentrieren.

# Verbesserung von Fokus und Konzentration

Meditieren ist eine großartige Fähigkeit, die sich wie von Zauberhand auf Ihre Konzentration auswirken kann. Es mag ein wenig nach "Zen" klingen, aber glauben Sie mir, diese Fähigkeit zu beherrschen ist wie eine Superkraft, mit der Sie Ihr ADHS in Schach halten können. Meditieren ist wie Fitnesstraining für Ihren Geist. Es hilft Ihnen, Ihre Aufmerksamkeitsmuskeln zu stärken, was bei ADHS schwierig sein kann. Sie brauchen nur eine kurze Zeit täglich zu meditieren, um erste Ergebnisse zu erzielen. Wann immer Sie Lust haben, Ihren Geist auszuruhen, ist ein guter Zeitpunkt dafür. Suchen Sie sich einen ruhigen Platz, lehnen Sie sich zurück und schließen Sie die Augen, wenn Ihnen das hilft. Richten Sie Ihre Aufmerksamkeit auf Ihre Atmung. Es ist in Ordnung, wenn Ihre Gedanken abschweifen. Bringen Sie sie sanft zu Ihrer Atmung zurück, wenn dies der Fall ist. Mantras sind beruhigende Worte oder Phrasen, die Sie im Geiste wiederholen können, während Sie sich auf die Empfindungen in Ihrem Körper konzentrieren.

## Tiefes Atmen

Ich verstehe, dass unsere Gedanken wie ein Tornado sein können, der in alle Richtungen reißt. Diese einfache Übung kann Ihnen überall helfen: bewusstes Atmen. Versuchen Sie, sich eine Zeit lang auf Ihre Atmung zu konzentrieren. Versuchen Sie, Ihre Augen zu schließen und tief durch die Nase zu atmen, um Ihren Körper und Ihren Geist zu entspannen. Sie sollten spüren, wie sich Ihre Brust und Ihr Bauch beim Einatmen ausdehnen. Nehmen Sie sich einen Moment Zeit, um sich zu entspannen und die Natur zu genießen. Entspannen Sie sich und lassen Sie jeglichen Stress oder Anspannung los, während Sie langsam und schnell durch den Mund ausatmen. Es scheint, als würden Sie und Ihr Atem in Ihrem eigenen Rhythmus tanzen. Anstatt Ihre Gedanken zu unterdrücken, versuchen Sie, den Raum zwischen ihnen zu schätzen. Hier können Sie zur Ruhe kommen und sich neu gruppieren, wenn das Leben Ihnen einen Curveball zuwirft.

## Körperscan

Wenn Sie unter ADHS leiden, könnte ein Body Scan Ihre Probleme lösen. Betrachten Sie es als eine entspannende Reise durch Ihren Körper, die Ihnen hilft, sich einzustimmen und zu entspannen. Suchen Sie sich dazu einen ruhigen Ort, an dem Sie nicht gestört werden. Sie können sich hinsetzen oder hinlegen, wie Sie es für richtig halten. Entspannen Sie sich, indem Sie Ihre Augen schließen und einige tiefe Atemzüge machen. Konzentrieren Sie sich auf Ihren Körper, vom Scheitel bis zu den Zehen. Konzentrieren Sie sich darauf, wie sich jeder Teil Ihres Körpers anfühlt. Welche Art von Empfindungen erleben Sie jetzt gerade? Urteilen Sie nicht, beobachten Sie einfach. Wenn Sie sich angespannt oder unwohl fühlen, atmen Sie ein paar Mal tief durch und stellen Sie sich vor, wie Sie Ihren Stress ausatmen.

## Erdungstechniken

Für Menschen mit einer Aufmerksamkeitsdefizit-Hyperaktivitätsstörung ist dies eine gute Möglichkeit, ihre Aufmerksamkeit wieder auf das Hier und Jetzt zu richten. Stellen Sie sich vor, dass Sie eine Tätigkeit ausüben, bei der Ihre Gedanken plötzlich abschweifen. Anstatt sich in diesen wenig hilfreichen Gedanken zu verlieren, versuchen Sie, sich über Ihre Sinne auf das Hier und Jetzt zu konzentrieren. Schauen Sie sich um und suchen Sie sich fünf Dinge aus, die Ihnen ins Auge fallen. Ein Bild auf dem Schreibtisch oder eine bemalte Wand sind zwei Möglichkeiten. Finden Sie vier verschiedene Dinge, die Sie berühren können und beschreiben Sie, wie sie sich anfühlen. Das könnte Ihr glatter Schreibtisch, die warme Kaffeetasse oder die Beschaffenheit Ihrer Kleidung sein. Nennen Sie anschließend drei Geräusche, die Sie gerade hören. Etwas, das ein Geräusch macht, könnte der Computer, der Wind oder sogar Ihr Atem sein.

Benutzen Sie dann Ihren Geruchssinn, um zwei beliebige Düfte zu identifizieren. Das könnte die Lotion, die Blumen oder der Kaffee sein, den Sie gerade gekocht haben. Schließlich denken Sie an etwas Essbares. Das könnte etwas sein, das Sie kürzlich gegessen oder getrunken haben. Diese Methode ist hilfreich, denn sie ermöglicht es Ihnen, gedanklich neu anzufangen. Sie hilft Ihnen, sich zu zentrieren, sich auf das Hier und Jetzt zu konzentrieren und Gedanken an die Vergangenheit oder Zukunft zu vertreiben. Nehmen Sie sich ein oder zwei Minuten Zeit, um sich zu erden, wenn Sie feststellen, dass Ihre Gedanken abschweifen.

## Single-Tasking

Ich weiß, dass wir denken, wir könnten tausendmal schneller multitasken, als wir es tatsächlich können. Aber wissen Sie was? Die Kraft unserer großartigen Gegenwart erlaubt es uns, uns kopfüber in jede Aufgabe zu stürzen. Stellen Sie sich vor, Sie beginnen eine Aktivität, egal ob es sich um eine Pflicht oder ein Vergnügen handelt. Achten Sie genau auf diese Zutat. Das ist richtig; es ist leichter zu sagen als zu tun. Es ist wie die Entdeckung eines verborgenen Schatzes, das schwöre ich.

Wenn Sie sich in der Zone befinden, ist Ihr Fokus laserartig. Als würden Sie einen Solotanz mit der Aufgabe vollführen, spüren Sie, wie Ihr Herz im Takt der Aktivität schlägt, mit der Sie beschäftigt sind. Schalten Sie Ihr Telefon aus, reduzieren Sie die Lautstärke Ihrer Hintergrundgeräusche und schieben Sie Ihre anderen Gedanken auf. Konzentrieren Sie sich auf die Feinheiten Ihres Projekts. Schenken Sie Ihre ungeteilte Aufmerksamkeit, während Sie malen, arbeiten oder sich unterhalten.

## Gedanken notieren

Diese mentalen Prozesse, die uns zu beherrschen und abzulenken scheinen. Na, was sagt man dazu? Wir haben eine elegante Lösung gefunden, um mit ihnen umzugehen. Stellen Sie sich Ihren Geist als einen belebten Marktplatz voller Ideen, Gedanken und Gespräche vor. Es ist völlig normal, dass man ab und zu abgelenkt wird. Lassen Sie uns stattdessen die Gültigkeit dieser Ideen anerkennen.

## Sinneswahrnehmung

Das Wichtigste ist, dass wir auf unsere Sinne achten, denn sie sind einzigartige Fenster zur Welt. Denken Sie daran, ein kleines Abenteuer in Ihrem eigenen Haus zu inszenieren. Suchen Sie sich einen Sinn aus; das ist so, als ob Sie sich eine Superkraft aussuchen würden. Okay, nehmen wir an, Sie sind ein Audiophiler. Konzentrieren Sie sich ausschließlich auf den Klang. Hören Sie genau auf die Symphonie von Geräuschen, die Sie normalerweise ignorieren, einschließlich der leisen Gespräche und des leisen Raschelns. Neue und aufregende Klänge zu finden, ist wie Detektiv spielen. Tauchen Sie in die Klangschichten ein wie in eine fesselnde Geschichte. Was den Tastsinn betrifft, so nehmen Sie alles in die Hand, was Ihnen zur Verfügung steht. Versuchen Sie, es zu halten und sein Gewicht, seine Temperatur und seine Beschaffenheit zu spüren. Hart, weich, oder irgendwo dazwischen? Selbst wenn Sie dieses Ding schon eine Million Mal gesehen haben, versuchen Sie sich vorzustellen, wie es wäre, es zum ersten Mal zu erkunden. Lassen Sie sich von den winzigen Details in den Bann ziehen. Stellen Sie sich vor, wie Ihre Berührung die Geheimnisse des Objekts lüften würde.

## Achtsame Techniken

Die Anwendung von Achtsamkeitspraktiken kann die Qualität unseres Lebens tiefgreifend beeinflussen. Sie könnten damit beginnen, indem Sie "achtsam essen" oder Ihre ungeteilte Aufmerksamkeit beim Essen einsetzen. Indem Sie jeden Bissen genießen und sich auf den Geschmack, die Beschaffenheit und die Empfindungen Ihres Essens konzentrieren, können Sie Ihre Beziehung zu Ihrer Mahlzeit verbessern und möglicherweise Ihre Neigung zum Überessen eindämmen. Eine ähnlich tiefgreifende Veränderung kann bei einem nachdenklichen Spaziergang eintreten. Nehmen Sie die Sehenswürdigkeiten und Geräusche um sich herum wahr, spüren Sie, wie der Wind Ihre Haut streichelt, und konzentrieren Sie sich auf das Gefühl, das Ihre Füße beim Gehen auf dem Boden hinterlassen.

# Änderungen der Umgebung zur Optimierung des Fokus

Schaffen Sie sich einen Arbeitsbereich, in dem Sie konzentriert arbeiten können und der frei von unnötigen Ablenkungen ist. Wenn Sie etwas erledigen wollen, hilft es, eine "Produktivitätszone" zu haben, in der Sie dies in Ruhe tun können. Das hilft Ihnen, Arbeit und Freizeit geistig zu trennen, was die Produktivität erhöht. Es ist wichtig, Ordnung zu halten und gut zu organisieren. Die Beseitigung visueller Ablenkungen im Büro hilft den Mitarbeitern, sich auf ihre Arbeit zu konzentrieren.

Trotz ihrer scheinbaren Unbedeutsamkeit können ein bequemer Stuhl und eine gut geplante Sitzordnung den Unterschied ausmachen. Negative Emotionen wie Sorgen und Stress können den Erfolg behindern, wenn Sie sie nicht überwinden können. Licht ist auch deshalb so wichtig, weil es die geistige Anstrengung reduziert, die erforderlich ist, um die Konzentration aufrechtzuerhalten. Bedenken Sie die anregende Wirkung, die natürliches Licht auf Ihre Stimmung hat.

Es ist allgemein bekannt, dass Hintergrundgeräusche störend sind. Reduzieren Sie Ablenkungen, indem Sie weißes Rauschen, entspannende Instrumentalmusik oder Kopfhörer mit Geräuschunterdrückung hören. Ablenkungen im visuellen Bereich sind weit verbreitet. Verwenden Sie Post-It-Zettel, verschiedenfarbige Etiketten und andere visuelle Anhaltspunkte, um Ordnung zu schaffen. Sie finden schnell und einfach, was Sie brauchen, wenn alles an seinem Platz ist.

# Kognitive Strategien zur Verbesserung der Konzentrationsfähigkeit

Lassen Sie uns kognitive Methoden erkunden, um sich besser konzentrieren zu können, wie Ihre persönlichen Booster. Sie können sich auf diese Strategien verlassen, die Ihnen dabei helfen, ein höheres Maß an Konzentration aufrechtzuerhalten. Sie werden Ihre Konzentration und Leistung verbessern, wenn Sie diese Praktiken befolgen. Mentale Strategien wie Task Chunking, bei dem große Aufgaben in überschaubare Teile zerlegt werden, Achtsamkeit, die Sie in den gegenwärtigen Moment versetzt, und Visualisierung sollen Ihre Erfolgschancen erhöhen.

## Chunking:

Betrachten Sie es als eine Barriere, die den Stress der Situation in Schach hält. Denken Sie an eine beängstigende Aufgabe, die Ihnen unmöglich erscheint. Um dieses gewaltige Hindernis zu überwinden, müssen Sie die Magie des Chunking anwenden. Sie könnten das Ganze in kleinere, besser zu bewältigende Teile aufteilen, anstatt alles auf einmal anzugehen. Der

Prozess ähnelt dem Zusammensetzen eines Puzzles. Betrachten Sie jedes Teil als einen soliden Baustein, mit dem Sie eine Brücke zu Ihrem Ziel bauen können. Wenn Sie diese Teilaufgaben genau beachten, können Sie ein Burnout vermeiden und echte Fortschritte erzielen. Es ist so ähnlich wie eine Blaupause für den Erfolg.

## Selbstbeobachtung:

Es ist, als hätten Sie einen Geheimagenten, der alle Ablenkungen im Auge behält. Bauen Sie Selbstkontrollpunkte in Ihren Tag ein. Achten Sie darauf, was Sie denken, fühlen und tun. Fühlen Sie sich unorganisiert? Sind Sie unkonzentriert wie ein böser Schmetterling? Wenn Sie diese hilfreiche Beobachtung machen, wird Ihr Bewusstsein für sich selbst wachsen. Sie lenken Ihre Aufmerksamkeit auf die Momente, in denen Sie die Konzentration verlieren. Und wer hätte das gedacht? Ihre Superkraft kommt zum Einsatz. Wenn Ihre Gedanken abschweifen, ist das in Ordnung. Bringen Sie sie behutsam wieder an die Arbeit.


## Aufgaben-Sequenzierung:

Eine einfache, aber effektive Taktik, die Ihre Leistung beeinflussen kann, ist die Planung. Eine Routine wie diese kann Ihnen helfen, den ganzen Tag über auf Kurs zu bleiben. Bevor Sie sich kopfüber in einen Berg von Arbeit stürzen, ist es wichtig, einen Aktionsplan zu erstellen. Es ist, als würden Sie ein Puzzle Stück für Stück zusammensetzen und auf seine Richtigkeit überprüfen. Machen Sie einen Plan, um sich selbst einige Richtlinien zu geben, an die Sie sich halten können. Der Aufbau einer soliden Verbindung zwischen den Aktivitäten erleichtert den reibungslosen Übergang zwischen ihnen. Einen einfachen Weg vor sich zu haben, muss sich unglaublich befreiend anfühlen. Lassen Sie sich verzaubern. Ihr Selbstvertrauen und Ihre Konzentration werden mit jeder Aufgabe wachsen, die Sie erledigen. Der Weg, der vor Ihnen liegt, ist mit Ihren vergangenen Erfolgen gepflastert.

## Zeitliche Begrenzung:

Wenn wir unsere Zeit für eine Aufgabe begrenzen, kann sich dies dramatisch auf die Leistung auswirken. Betrachten Sie es als eine Superkraft, die Ihnen hilft, mehr zu erreichen. Wenn Sie ein Projekt beginnen, setzen Sie sich selbst eine Frist. Sie gestalten Ihre eigene persönliche zeitliche Herausforderung. Zeitvorgaben verbessern die Konzentration und lassen den Perfektionismus in den Hintergrund treten. Eine Deadline ermutigt Sie, ein Projekt in Angriff zu nehmen, ohne darauf zu warten, dass es perfekt ist. Sagen Sie Ihrem Verstand einfach: "Los geht's!" und sehen Sie, was passiert. Sie werden von Tag zu Tag besser und besser.

## Pausen und Bewegung:

Gelegentlich aufzustehen und sich zu bewegen, kann Wunder bewirken, um Ihren Tag zu beleben. Betrachten Sie dies als den Schlüssel zu einem konzentrierten und energiegeladenen Tagesablauf. Machen Sie häufig Pausen, stehen Sie auf und bewegen Sie sich, während Sie arbeiten. Das ist erfrischend und bringt Ihren Geist auf Vordermann. Die geistige Leistungsfähigkeit wird durch körperliche Aktivitäten wie Stretching, Gehen oder Tanzen gesteigert. Sie stimuliert eine Vielzahl von Gehirnzellen, was zu erhöhter Wachsamkeit führt. Ein weiterer Vorteil ist, dass Sie aufstehen und sich eine Weile bewegen können, so dass es sich anfühlt, als ob Sie bei der Arbeit ganz von vorne anfangen. Betrachten Sie Ihre Pausen als Gelegenheiten zum Erkunden und Nachdenken, so als ob Sie einen Umweg gemacht hätten und gestärkt auf die Hauptstraße zurückgekehrt wären.

# Kapitel 5: Umgang mit Impulsivität und Ablenkbarkeit

Wissen Sie, dass Ihre Impulse, Ihre Energie und Ihr starker Geist nicht Ihre Schwächen, sondern Ihre Stärken sind? Das ist richtig, Impulsivität ist keine Schwäche, sondern eine großartige Fähigkeit. Ihre Fähigkeit, Ihre Impulse zu zügeln und kalkulierte Entscheidungen zu treffen, ist bemerkenswert. Was ist Ablenkbarkeit? Betrachten Sie sie als einen Beweis für die Neugier und Anpassungsfähigkeit Ihres Geistes. Es ist inspirierend zu sehen, wie interessiert Sie sind. Die Anwendung von Praktiken wie Deep-Focus-Techniken, die Schaffung einer förderlichen Umgebung und die Einbeziehung von Bewegung und Achtsamkeit in Ihren Tagesablauf können Ihrem Geist die Unterstützung geben, die er für seine Entwicklung braucht.

## Wie gehen Sie mit impulsiven Verhaltensmustern um?

Wenn Sie jemals vor einer Entscheidung oder einem Impuls stehen, tun Sie sich einen Gefallen und nehmen Sie sich einen Moment Zeit, um innezuhalten und darüber nachzudenken. Halten Sie inne, atmen Sie tief durch, zählen Sie bis zehn und überlegen Sie Ihre Optionen. Der Ausgang des Spiels könnte von diesem relativ kleinen Spielraum abhängen. Wenden Sie die Technik der Achtsamkeit an, die Ihnen helfen wird, Ihre Gedanken und Gefühle besser zu verstehen. Wenn Sie ein schärferes Bewusstsein für sich selbst entwickeln, können Sie besser steuern, wie Sie auf Situationen reagieren. Visuelle Hinweise können Ihnen helfen, Ihre Aufmerksamkeit dort zu halten, wo sie sein soll. Verwenden Sie Post-It-Zettel oder Symbole als sanfte Aufforderung, innezuhalten und nachzudenken, bevor Sie handeln. Sie sollten auch die Beweise für und gegen voreilige Schlussfolgerungen bewerten.

Erstellen Sie einen Rahmen, der Ihr Urteilsvermögen leitet. Sie müssen Ihre Entscheidungen davon abhängig machen, wie sie sich auf das Erreichen Ihrer Ziele und die Einhaltung Ihrer Werte auswirken. Die 24-Stunden-Regel besagt, dass Sie eine Entscheidung mindestens so lange aufschieben sollten, damit Sie sie sorgfältig abwägen können. Holen Sie sich den Rat von Menschen, denen Sie vertrauen können, und stellen Sie Ihre Gesundheit und Ihr Glück an erste Stelle, wenn Sie lebensverändernde Entscheidungen treffen. Ein stabiler emotionaler Zustand macht es weniger anstrengend, Entscheidungen zu treffen. Seien Sie dankbar dafür, dass Sie jetzt mehr über Aktivitäten nachdenken, bevor Sie sich auf sie festlegen. Verbessern Sie dies, indem Sie ermutigende innere Gespräche führen und für Zeiten der Impulsivität planen.

## Minimieren Sie Ablenkungen und konzentrieren Sie sich auf Ihre Aufgaben

Wenn Sie schneller fertig werden müssen, versuchen Sie es mit der Pomodoro-Technik, bei der Sie kurze Arbeitsphasen mit längeren Ruhephasen abwechseln. Verwenden Sie die Eisenhower-Matrix, um Ihre Aufgaben nach Prioritäten zu ordnen, und denken Sie daran, dass Single-Tasking effektiver ist als Multitasking, wenn Sie sich konzentrieren wollen. Um Ihre Fähigkeit, sich zu konzentrieren und präsent zu sein, zu verbessern, empfehlen wir Ihnen, während Zeiten intensiver Konzentration auf die Nutzung elektronischer Geräte zu verzichten. Halten Sie ablenkende Gedanken auf Papier fest und verwenden Sie einen Aufgabenmanager, um konzentriert zu bleiben.

Teilen Sie Ihre Prioritäten mit Ihren Lieben und setzen Sie sich Grenzen. Halten Sie Ihren Geist und Ihren Körper im Gleichgewicht, damit Sie sich besser konzentrieren können. Es ist wichtig, dass Sie Ihre Fortschritte festhalten und bereit sind, Anpassungen vorzunehmen, wenn diese erforderlich sind. Denken Sie daran, dass es akzeptabel ist, Fehler zu machen, wenn Sie mit verschiedenen Strategien experimentieren, um herauszufinden, was am besten funktioniert. Wenn Sie sich die Zeit nehmen und sich anstrengen, können diese Strategien Ihnen helfen, Ihre Produktivität zu steigern, indem Sie Unterbrechungen verringern und Ihre Konzentration verbessern.

# Impulskontrolle und Strategien zur Selbstregulierung

Der Schlüssel liegt darin, Ihre Reaktionen und Impulse zu beobachten, ohne sie zu bewerten. Dies kann Ihnen die Möglichkeit bieten, auf jede beliebige Weise zu reagieren. Eine Taktik besteht darin, tief durchzuatmen, bevor Sie handeln. Das ist so, als ob Sie sich erlauben würden, die Pausentaste zu drücken, bevor Sie unüberlegt handeln. Stellen Sie sich Fragen wie "Ist dies die beste Option?" und "Welche Folgen könnte es haben, wenn ich so handle?"

Haben Sie schon einmal versucht, die Belohnung hinauszuzögern? Diese Technik bremst die sofortige Befriedigung. Wenn Sie zum Beispiel den Drang verspüren, einen impulsiven Kauf zu tätigen, nehmen Sie sich einen Moment Zeit, um sich zu fragen, ob Sie ihn brauchen. Übrigens, haben Sie, wenn Sie vor einer Entscheidung stehen, schon einmal bis zehn gezählt, bevor Sie handeln? Ja! Zählen Sie bis zehn, bevor Sie eine Entscheidung treffen. Dieser scheinbar unbedeutende Schritt kann Ihnen helfen, die Dinge zu durchdenken und bessere Entscheidungen zu treffen.

Auch visuelle Hinweise sind lehrreich. Hängen Sie überall in Ihrer Wohnung Zettel auf, die Sie auffordern, sich einen Moment Zeit zu nehmen, bevor Sie überstürzt handeln. Haben Sie schon einmal ein "Wenn-Dann-Szenario" ausprobiert? Es ist von großem Vorteil, wenn Sie Ihre Reaktion auf eine schwierige Situation im Voraus bestimmen können. Schreiben Sie ein paar Szenarien in einem "Wenn-dann"-Format auf Papier und lesen Sie dann Ihre Antwort. Das wird Ihnen helfen, sich auf Notfälle vorzubereiten.

Es ist wichtig, dass Sie sich ständig selbst ermutigen. Wenn Sie einen Impuls verspüren, erinnern Sie sich an Ihre Werte und langfristigen Ziele. Es ist, als würden Sie sich selbst eine kleine Motivationsrede halten! Hier ist ein lustiger Spruch: Spielen Sie manchmal etwas vor? Sie können Situationen, in denen Sie schnelle Entscheidungen treffen müssen, in Rollenspielen nachspielen. Das ist dasselbe wie das Üben für den Ernstfall. Es ist auch wichtig, potenziell gefährliche Situationen zu erkennen und sich wertebasierte Ziele zu setzen.

Anders ausgedrückt, es ist so, als würden Sie sich selbst Anweisungen geben. Außerdem ist die kognitive Umstrukturierung ein großartiges Hilfsmittel, um impulsive Gedanken in Frage zu stellen, indem Sie deren Auswirkungen berücksichtigen. Was ist mit Ruhe? Wenn Sie den Schlaf an die erste Stelle setzen, ist das wie eine Aufladung Ihres Gehirns. Gut ausgeruhte Menschen können ihre Impulse besser zügeln und bewusste Entscheidungen treffen.

# Kapitel 6: Pflege von Beziehungen und Aufbau eines unterstützenden Netzwerks

*"Frauennetzwerke sind ein notwendiger Bestandteil des Lebens. Eine Mischung aus Einfühlungsvermögen und Brainstorming kann Berge versetzen."*

*- Hazel Hawke.*

Das Navigieren in Beziehungen ist eine schwierige Angelegenheit für uns. Oft fällt es uns schwer, unsere emotionalen Unregelmäßigkeiten und unsere Impulsivität in den Griff zu bekommen, während wir uns in einer Situation befinden, die unsere Beziehungen zu anderen Menschen negativ beeinflussen kann. Aber keine Sorge, es gibt noch einige nützliche Möglichkeiten, Ihre Beziehungen zu anderen taktvoll zu gestalten. Diese Kraft der Kommunikation wird Ihnen helfen, mit anderen Frauen mit ADHS zu interagieren und sich online oder offline Gemeinschaften für Frauen mit ADHS anzuschließen. In diesem Kapitel werden wir das Netz der Offline-Gemeinschaften, die lebensverändernde Kraft der professionellen Beratung und die digitalen Konstellationen der Online-Selbsthilfegruppen erkunden. In einer chaotischen Welt werden diese Ressourcen Ihre ständigen Begleiter sein und Ihnen einen Zufluchtsort bieten, an dem Sie durch Kommunikation und Verständnis mit anderen wachsen können. Lassen Sie uns in dieses bemerkenswerte Reich der seelischen Wertschätzung und liebevollen Verbindungen eintreten, in dem Sie nicht allein reisen müssen.

# Die Auswirkungen von ADHS auf Beziehungen erforschen

Sich auf dem komplexen Terrain der romantischen Beziehungen zurechtzufinden und gleichzeitig mit ADHS umzugehen, kann ein außergewöhnliches Abenteuer sein. Das Leben eines Menschen kann durch das Zusammenspiel von Aufmerksamkeitsdefizit-Hyperaktivitätsstörung und Beziehungsdynamik in vielerlei Hinsicht geprägt und beeinflusst werden. Um positive Interaktionen zu fördern und unser Wohlbefinden zu verbessern, ist es wichtig zu verstehen, wie ADHS unsere verschiedenen Beziehungen beeinflusst. Sehen wir uns an, wie sich ADHS auf romantische Partnerschaften auswirkt, mit besonderem Augenmerk auf die besonderen Herausforderungen, mit denen Frauen konfrontiert sind, und suchen wir nach Möglichkeiten, mit diesen Schwierigkeiten mit Mitgefühl, Offenheit und Stärke umzugehen.

# Herausforderungen in der zwischenmenschlichen Dynamik

Frauen mit ADHS können aufgrund der besonderen Ausprägung der Störung besondere Schwierigkeiten bei sozialen Interaktionen und der Kommunikation haben. Es kann zu Missverständnissen kommen, wenn wir spontan sprechen, ohne unsere Worte ausreichend zu überdenken. Die anhaltende Aufmerksamkeit, die für aktives Zuhören erforderlich ist, kann eine Herausforderung sein, die dazu führt, dass wir Details übersehen und uns desinteressiert beteiligen. Defizite in der exekutiven Funktion, wie Desorganisation und schlechtes Zeitmanagement, werden mit negativen Auswirkungen auf zwischenmenschliche Beziehungen in Verbindung gebracht. Impulsive Reaktionen und Stimmungsschwankungen können sich negativ auf Interaktionen auswirken, wenn Menschen Schwierigkeiten haben, ihre Emotionen zu kontrollieren.

Das Gefühl, missverstanden zu werden oder negative Reaktionen zu befürchten, kann ebenfalls soziale Ängste verursachen. Gesichtsausdruck und Körpersprache sind zwei Formen der nonverbalen Kommunikation, die für uns schwer zu deuten sind, was die Entwicklung einer Beziehung behindern und zu Missverständnissen führen kann. Für andere kann es eine Herausforderung sein, Ihren zunehmend vom Thema abweichenden Gesprächen zu folgen. Ein weiterer Faktor ist, dass das Vergessen von sozialen Verpflichtungen Ihre Beziehungen belasten kann. Aufgrund der zunehmenden Reize und der Notwendigkeit, Multitasking zu betreiben, fühlen sich Menschen in Gruppen oft überfordert.

Unsere Empfindlichkeit gegenüber sozialer Ablehnung resultiert oft daraus, dass wir uns zuvor in irgendeiner Weise unbeholfen oder missverstanden fühlten. Wir empfinden auch eine Kommunikationsüberlastung, wenn die Aufnahme und Verarbeitung aller übermittelten Informationen zu viel wird. Sowohl das Dominieren von Gesprächen als auch das Verpassen von Hinweisen sind Symptome von Timing- und Turn-Taking-Problemen. Die Vorhersage von Reaktionen und Verhaltensweisen kann schwierig sein, wenn die Kommunikationsmuster inkonsistent sind.

Das Erkennen dieser Schwierigkeiten ist der erste Schritt, um sie zu lösen. Frauen mit ADHS können davon profitieren, wenn sie ihre Selbstwahrnehmung verbessern, aktiv zuhören, wirksame Kommunikationsstrategien anwenden und sich von Freunden, Familienangehörigen oder Therapeuten unterstützen lassen, um ihre zwischenmenschlichen Fähigkeiten und ihre Kommunikationsbeziehungen zu verbessern.

# Wie kann ADHS die Beziehungsmuster beeinflussen?

Kommunikationsprobleme sind auf Impulsivität und Unaufmerksamkeit zurückzuführen, die es schwer machen, aufmerksam zuzuhören und sich für das, was andere sagen, zu interessieren. Ein Partner kann Unzuverlässigkeit wahrnehmen, wenn Vergesslichkeit und schlechtes Zeitmanagement dazu führen, dass Termine verpasst und Pläne vergessen werden. Die erhöhte emotionale Reaktivität von Frauen mit ADHS kann zu Stimmungsschwankungen führen, die das Auf und Ab zwischenmenschlicher Beziehungen erheblich beeinträchtigen.

Ein häufiges Symptom von ADHS ist die Neigung, sich übermäßig auf Interessen zu konzentrieren, was dazu führt, dass Frauen sich in ihre Aktivitäten vertiefen, was sich negativ auf ihre Beziehungen auswirkt. Die impulsive Natur von ADHS kann die zwischenmenschliche Entscheidungsfindung und das Verhalten beeinträchtigen. Frauen mit ADHS neigen dazu, ihre Interessen zu verlagern, was sich auf das auswirkt, was sie gerne gemeinsam unternehmen. Beziehungen können belastet werden, wenn ein Partner seinen Teil einer Aufgabe immer wieder aufschiebt, weil er Schwierigkeiten hat, seine Zeit einzuteilen. Schwierigkeiten bei der Aufrechterhaltung der Ordnung in einer gemeinsamen Umgebung können zu Unmut und Missverständnissen über Verantwortlichkeiten führen. Die Fähigkeit, sich in den Partner einzufühlen, ihn zu verstehen und ihm emotionale Unterstützung zu geben, kann beeinträchtigt sein.

Um ihr Bedürfnis nach ständiger Abwechslung und Stimulation zu befriedigen, suchen Frauen mit ADHS möglicherweise aktiv und regelmäßig nach neuen romantischen Partnern. Ein erhöhtes Bewusstsein für Kritik oder Ablehnung kann zu einer Ablehnungsempfindlichkeit führen, die sich auf emotionale Reaktionen und die Interaktionen mit dem Partner auswirkt. Trotz dieser Schwierigkeiten können Menschen mit

ADHS positive Eigenschaften wie Kreativität, Spontaneität und Enthusiasmus in ihre Beziehungen einbringen. Allerdings können auch Probleme mit anderen Menschen auftreten und zu Spannungen und Unzufriedenheit in Beziehungen führen. Frauen mit ADHS müssen sich einen Partner suchen, der ihre Erkrankung versteht, ihre Stärken schätzt und bereit ist, gemeinsam an der Bewältigung der auftretenden Herausforderungen zu arbeiten. Es ist wichtig für sie, verständnisvolle und unterstützende Partner zu finden.

## Beziehungskonflikte bewältigen

Verständnis, Einfühlungsvermögen und effektive Kommunikation sind entscheidend für die Lösung von Beziehungskonflikten, die durch ADHS-Symptome verursacht werden. Beide Partner können eine Vielzahl von Taktiken anwenden, um Konflikte effektiv zu lösen. Beide Partner sollten sich über ADHS informieren und darüber, wie die Symptome die Kommunikation und das Verhalten im Alltag stören können. Erkenntnisse wie diese können Ihnen helfen, klarer zu kommunizieren und Schuldzuweisungen zu vermeiden. Ein ständiger, ehrlicher Dialog über die Auswirkungen von ADHS auf die Beziehung ist ebenso wichtig wie die Schaffung eines sicheren Raums, in dem jeder Partner seine Gedanken, Gefühle und Bedürfnisse frei äußern kann.

Indem Sie jedem von Ihnen und Ihrem Partner die Chance geben, ohne Unterbrechung zu sprechen, stellt aktives Zuhören sicher, dass alle Standpunkte gehört und verstanden werden. Sich auf die Auswirkungen der ADHS-Symptome zu konzentrieren, anstatt den Betroffenen eine Absicht zu unterstellen, ist entscheidend, um ihnen zu helfen. Bei der Erörterung eines Konflikts ist Zeit das A und O. Am besten geschieht dies, wenn alle Beteiligten ruhig sind. Wenn Sie Ihre Gefühle ausdrücken möchten, ohne eine Abwehrreaktion hervorzurufen, kann die Verwendung von "Ich"-Aussagen hilfreich sein. Es ist wichtig, gemeinsam nach Antworten zu suchen, indem Sie aktiv nach Möglichkeiten suchen, mit den Schwierigkeiten umzugehen, die ADHS-Symptome verursachen können.

Wenn Sie sich vernünftige Ziele setzen, erkennen Sie die Einschränkungen der Krankheit und das langsame Tempo der Verbesserung an.

Wenn Sie einmal in eine hitzige Diskussion geraten, sollten Sie eine Pause einlegen, damit die Dinge nicht noch schlimmer werden. Die Anerkennung der positiven Aspekte der Beziehung und der Erfolge bei der Lösung von Konflikten kann helfen, die Stimmung aufrechtzuerhalten. Denken Sie daran, dass der Umgang mit Streitigkeiten, die durch ADHS verursacht werden, ein fortlaufender Prozess ist, der gegenseitige Toleranz, Einsicht und Anpassung erfordert. Teamarbeit und klare Kommunikation können Paaren helfen, Meinungsverschiedenheiten zu überwinden und eine stärkere Beziehung aufzubauen.

## Kommunikationsstrategien für den Ausdruck von Bedürfnissen

Wenn Sie mit anderen kommunizieren, verwenden Sie Sätze, die mit "Ich" beginnen. Mit ihnen können Sie Ihre Emotionen ohne Vorwürfe ausdrücken. Lily, eine Kollegin mit ADHS, probierte diese Technik mit ihrem Partner aus, der weniger abwehrend und verständnisvoller wurde, nachdem sie gesagt hatte: "Ich fühle mich überfordert, wenn die Dinge ungeordnet sind."

Sie wissen also, dass es manchmal schwierig ist, das, was Sie brauchen, zu vermitteln? Keine Sorge, ich habe ein paar fantastische Kommunikationstipps für Sie. Erstens: Einfachheit ist Trumpf. Halten Sie Ihre Botschaft klar und auf den Punkt. Zerlegen Sie die Dinge in kleinere Teile - das ist, als würden Sie Ihrem Gehirn ein High-Five geben! Und das Timing ist wichtig. Warten Sie auf den Moment, in dem sowohl Sie als auch Ihr Gesprächspartner ruhig und bereit zum Plaudern sind. Wenn Sie bei Gesprächen von Angesicht zu Angesicht "wow" sagen, kein Problem! Texte und Emails sind Ihre besten Freunde. Mit ihnen können Sie Ihre Gedanken wie ein Profi ordnen. Scheuen Sie sich nicht, Fragen zu stellen, wenn Ihnen etwas unklar erscheint. Sie sind dabei, erstklassige

Kommunikationsfähigkeiten zu entwickeln, und das ist ein Grund zum Feiern! Sie haben es drauf.

## Konfliktlösungsstrategien zur Überwindung von Missverständnissen

Frauen mit ADHS brauchen Strategien zur Beziehungspflege, die speziell auf ihre Erkrankung zugeschnitten sind, um Konflikte und Missverständnisse erfolgreich zu lösen. Impulsive Handlungen können vermieden werden, indem Sie erst einmal innehalten und nachdenken. Wenn Sie in einer angespannten Situation einen kühlen Kopf bewahren, können Sie bessere Entscheidungen treffen. Respekt und Verständnis werden durch aufmerksames Zuhören und das Wiederholen der Perspektive der anderen Person vermittelt. Verwirrung kann vermieden werden, wenn Gefühle und Gedanken klar und deutlich ausgedrückt werden.

Eine Pause ist eine gute Möglichkeit, sich zu beruhigen, wenn die Spannungen steigen. Grundlegende Probleme können gelöst werden, indem man gemeinsam nach Antworten sucht. Wenn er richtig eingesetzt wird, kann Humor helfen, Spannungen abzubauen. Um die emotionale Rolle eines jeden in Konflikten anzuerkennen, müssen beide Seiten sie anerkennen. Die Suche nach einem Mittelweg hilft, die Dinge unter Kontrolle zu halten und stellt sicher, dass beide Seiten gehört werden. Um die Bedeutung der Beziehung gegenüber kleineren Meinungsverschiedenheiten abzuwägen, müssen Sie das große Ganze im Auge behalten.

Die Behandlung von Konflikten als lehrreiche Erfahrung ist für die Entwicklung von Vorteil. Aufrichtige Entschuldigungen können Beziehungen wiederherstellen, wenn sie gerechtfertigt sind. Zusammengenommen geben diese Techniken Frauen mit ADHS das nötige Rüstzeug, um Konflikte auf eine Weise zu lösen, die ihren Beziehungen zugute kommt und ihnen hilft, als Individuen zu wachsen.

# Aufbau eines unterstützenden Netzwerks

Ein starkes Unterstützungssystem kann den Unterschied ausmachen, wenn es darum geht, die Herausforderungen des Lebens mit ADHS zu meistern. Dieses Kapitel bietet hilfreiche Ratschläge für Frauen mit ADHS, die sich eine Selbsthilfegruppe von Menschen aufbauen möchten, die sie verstehen und akzeptieren, wie sie sind. Frauen mit ADHS können sich ein Fundament des Verständnisses und der Ermutigung schaffen, indem sie sich in Therapie begeben, Online-Gemeinschaften beitreten und echte Kontakte zu Menschen knüpfen, die ihre Erkrankung verstehen.

## Selbsthilfegruppen aufsuchen

Kennen Sie diese Momente, in denen Sie das Gefühl haben, mit all diesen wirbelnden Gedanken und Herausforderungen ganz allein zu sein? Nun, die schöne Wahrheit ist, dass Sie nicht allein sind. Selbsthilfegruppen sind wie ein sicherer Hafen, in dem Sie sich mit Menschen treffen können, die wirklich verstehen, was Sie durchmachen. Stellen Sie sich vor, Sie sind in einem Raum, in dem Sie Ihre Erfahrungen, Ihre Triumphe und die schwierigen Tage teilen können, ohne Angst vor Verurteilung. Es ist, als ob Sie Ihren Stamm, Ihre Gemeinschaft und Ihre Leute finden.

Diese Gruppen sind mehr als nur ein Ort, um sich Luft zu machen - sie sind eine Fundgrube für Strategien, Tipps und Erkenntnisse. Denken Sie daran, dass andere vielleicht schon den Code für den Umgang mit bestimmten Aspekten von ADHS geknackt haben, mit denen Sie zu kämpfen haben. Es ist, als hätten Sie einen ganzen Haufen von Mentoren und Freunden, die Ihnen Ratschläge geben können, die auf Ihre Erfahrungen zugeschnitten sind. Und dann ist da noch das Gefühl, dazuzugehören! Die Gewissheit, dass Sie auf dieser Reise nicht allein sind, kann Ihre Stimmung auf eine Weise heben, die Sie sich nicht einmal vorstellen können.

Wie können Sie diese wunderbaren Selbsthilfegruppen erreichen? Nun, es gibt ein paar Möglichkeiten, die Sie erkunden können. Sie können damit beginnen, Online-Plattformen und soziale Medien zu durchsuchen. Es gibt unzählige Facebook-Gruppen, Reddit-Communities und spezielle Foren, die sich mit der Unterstützung von ADHS befassen. In diesen virtuellen Räumen können Sie eine Fülle von Informationen, Diskussionen und Kontakten finden. Wenn Sie eher an persönlichen Kontakten interessiert sind, sollten Sie lokale Organisationen oder Kliniken aufsuchen, die persönliche Selbsthilfegruppen für Frauen mit ADHS anbieten. Manchmal haben auch Therapeuten oder Beratungsstellen Informationen über diese Gruppen. Es lohnt sich, dort nachzufragen, welche Ressourcen vorhanden sind.

## Aufbau authentischer Beziehungen zu Menschen mit ADHS

Kennen Sie diese Momente, in denen Sie das Gefühl haben, sich immer wieder erklären zu müssen? Stellen Sie sich vor, dass Sie Gespräche führen, in denen Sie das nicht müssen, weil die Menschen, mit denen Sie sprechen, es bereits "verstehen". Das ist das Schöne daran, wenn Sie authentische Beziehungen zu Menschen aufbauen, die über ADHS Bescheid wissen.

Diese Verbindungen können das Spiel verändern. Stellen Sie sich vor, Sie unterhalten sich über Ihren Tag und statt eines Urteils oder einer Verwirrung erhalten Sie ein verständnisvolles Nicken und sogar ein gemeinsames Lachen über einen skurrilen ADHS-Moment. Das ist wie ein Hauch von frischer Luft! Sie können den Teil überspringen, in dem Sie sich Sorgen machen, falsch interpretiert zu werden oder das Gefühl zu haben, dass Sie von einem anderen Planeten sind. Wenn Sie mit Menschen zusammen sind, die sich Ihrer ADHS bewusst sind, können Sie Ihr wahres Ich zeigen - ungefiltert und ohne sich zurückzuhalten. Gespräche werden bedeutungsvoller, weil Sie sich mit Themen befassen können, die Ihnen wirklich wichtig sind. Ob es darum geht, Strategien zu erörtern, die funktionieren, persönliche Erfahrungen auszutauschen oder einfach das Gefühl zu haben, dazuzugehören - diese Verbindungen geben Ihnen ein Gefühl der Erleichterung und Zugehörigkeit.

Wie können Sie also damit beginnen, diese Verbindungen aufzubauen? Beginnen Sie in Ihren bestehenden Kreisen - Freunde, Familie und Kollegen, die aufgeschlossen und bereit sind, Ihr ADHS zu verstehen. Ehrliche Gespräche können Wunder bewirken, um das Verständnis zu vertiefen. Ziehen Sie außerdem in Erwägung, sich einer ADHS-Selbsthilfegruppe oder einem Online-Forum anzuschließen oder an lokalen Treffen teilzunehmen. Diese Orte sind mit Menschen gefüllt, die bereits wissen, was Sie durchmachen.

# Kapitel 7: Erfolgreich in Karriere und Ausbildung

*"Lernen Sie, Ihr eigenes Gleichgewicht zwischen Überstimulation/Unterstimulation und Überforderung/Unterforderung zu finden."*

*- Sari Solden.*

Ich weiß, dass es schwierig sein kann, Arbeit und Schule unter einen Hut zu bringen, aber es bietet auch enorme Chancen für Entwicklung, Erfolg und Zufriedenheit. Wir werden Methoden, Perspektiven und umsetzbare Ratschläge erörtern, die Ihnen helfen, Ihre Fähigkeiten zu nutzen, Herausforderungen zu überwinden und einen Weg zum Erfolg zu finden. Dieser Abschnitt soll Ihnen die Ressourcen an die Hand geben, die Sie benötigen, um Hindernisse zu überwinden, die Ihre akademische und berufliche Laufbahn erheblich beeinträchtigen, ganz gleich, ob Sie sich weiterbilden, die Karriereleiter erklimmen oder ein gesundes Gleichgewicht finden wollen. Lassen Sie uns dieses erbauliche neue Kapitel beginnen und den Weg zur Anerkennung Ihres akademischen und beruflichen Potenzials ebnen, indem Sie Ihre Stärken als Frau mit ADHS erkennen und ausschöpfen.

## Auswirkungen von ADHS-Symptomen auf die Berufswahl

Schwierigkeiten, sich zu konzentrieren, unsere Zeit zu organisieren und unsere Impulse zu kontrollieren, sind nur einige der Symptome und Schwierigkeiten, die mit ADHS verbunden sind. Diese Faktoren können die Wahl unserer Bildungs- und Karrierewege erheblich beeinflussen. ADHS-Symptome können es schwierig machen, im herkömmlichen Sinne zu lernen. Es kann schwierig sein, im Unterricht aufmerksam zu sein, die Arbeit rechtzeitig fertig zu stellen und den Lernraum ordentlich zu halten. Dies kann dazu führen, dass wir Themen meiden, die umfangreiches Nachdenken oder Lesen erfordern. Einige Studienfächer sind für

Studenten mit ADHS attraktiver als andere, weil die Störung mit der Vorlesungs-, Prüfungs- und Terminstruktur der Hochschule interagiert.

Die Art und Weise, wie sich ADHS in unserem Leben manifestiert, beeinflusst auch die Karrieren, die wir wählen. Einige von uns fühlen sich in dynamischen Umgebungen wohl, in denen wir ständig mit neuen Herausforderungen konfrontiert werden und reichlich Gelegenheit für praktische Erfahrungen haben. Kreativere Menschen könnten ihre Nische in Bereichen finden, die Originalität und Risikobereitschaft belohnen. Manche Berufe erfordern jedoch starre Zeitpläne und lange Konzentrationsphasen, was nicht immer gut passt.

ADHS-Symptome können uns einen Strich durch die Rechnung machen, wenn wir beruflich vorankommen wollen. Probleme mit dem Zeitmanagement und der Organisation können den beruflichen Erfolg behindern. Unsere impulsive Natur kann dazu führen, dass wir überstürzt handeln, was nicht immer gut für unsere Geschäftsbeziehungen ist. Nun, hier ist der Haken. Dank unserer ADHS-Superkräfte, zu denen kreatives Denken, schnelle Anpassungsfähigkeit und Problemlösungsfähigkeiten gehören, können wir uns in unternehmerischen Rollen oder in Bereichen, die ungewöhnliche Ideen erfordern, auszeichnen.

Um mit diesen Herausforderungen umgehen zu können, müssen wir uns selbst kennen, eine Stimme haben und effektive Bewältigungsmechanismen entwickeln. Der Zugang zu akademischen Leistungen, wie z.B. verlängerte Abgabetermine für Arbeiten oder Unterstützung beim Mitschreiben, kann die Ausgangslage für Studenten mit Behinderungen verbessern. Wenn wir unseren Vorgesetzten gegenüber offen über unser ADHS sprechen, können sie uns bei der Arbeit besser entgegenkommen. Die Symptome von ADHS lassen sich mit Hilfe von Hilfsmitteln wie Organisations-Apps, Achtsamkeitstechniken und Fokussierungstricks leichter in den Griff bekommen.

# Fehlinterpretation von ADHS-bezogenen Verhaltensweisen

ADHS kann unsere besten Eigenschaften zum Vorschein bringen, aber es kann auch dazu führen, dass wir uns auf eine Weise verhalten, die andere verwirrt. Jeder hat irgendwann einmal mit Prokrastination zu kämpfen. Es mag manchmal den Anschein haben, dass wir uns vor der Verantwortung drücken oder nicht unser Bestes geben. Das liegt jedoch nicht an mangelnder Anstrengung. Es geht darum, dass Sie Ihre Zeit und Ihre Aufgaben auf eine Weise organisieren, die für alle anderen nicht sofort ersichtlich ist. Das Phänomen des Hyperfokus verdient ebenfalls Erwähnung. Unglaublich, wir können uns jetzt tief in Prozesse hineinversetzen. Aber es könnte auch bedeuten, dass wir so vertieft sind, dass wir die Zeit oder andere wichtige Dinge vergessen. Es ist möglich, dass andere uns für uninteressiert halten, während wir in unserer Hyperfokus-Blase versunken sind.

Wir alle haben Momente, in denen wir überstürzt handeln oder sprechen, bevor wir denken. Das mag anderen rücksichtslos erscheinen, aber so ist unser ADHS-Gehirn nun einmal verdrahtet. Das ist keine Unachtsamkeit, sondern die Art und Weise, wie unser Verstand verdrahtet ist. Wir zappeln ständig herum und haben das Bedürfnis, uns zu bewegen. Die Menschen um uns herum könnten denken, dass wir nicht aufmerksam sind, wenn wir diese Dinge während Meetings oder Präsentationen tun. Doch das Gegenteil ist der Fall. Diese Zuckungen helfen dabei, die Konzentration aufrechtzuerhalten. Mal ehrlich, wer hätte das gedacht?

Lassen Sie uns über das Problem der schwankenden Leistung sprechen. Es scheint, als wären wir an manchen Tagen Feuer und Flamme und an anderen Tagen nicht. Unsere unbeständige Leistung kann dazu führen, dass man unsere Fähigkeiten in Frage stellt, aber das liegt nicht daran, dass wir uns nicht bemühen; unsere ADS-Symptome kommen und gehen.

Probleme mit der Organisation können zu verlorenen Artikeln, verpassten Terminen oder allem anderen führen, was Sie sich vorstellen können.

Unsere Kollegen sind sich vielleicht nicht bewusst, welchen inneren Kampf wir führen, nur um den Status quo zu erhalten. Es geht nicht um Desorganisation, sondern darum, sich an neue Umstände anzupassen. Und wie oft ertappen wir uns dabei, dass wir mitten im Gespräch abschalten? Das ist ein klassisches Anzeichen für ADHS. Manchmal schweifen unsere Gedanken ab, und es kann für andere den Anschein haben, dass wir nicht aufmerksam sind. Das hat nichts mit Faulheit zu tun, sondern mit der sich ständig verändernden Natur des menschlichen Denkens. Oh, und die Neugier auf neue Dinge. Um die Dinge interessant zu halten, wechseln wir vielleicht zwischen verschiedenen Unternehmungen. Es mag so aussehen, als würden wir nicht aufpassen, aber wir nutzen unsere Vorstellungskraft, um uns vor Langeweile zu schützen.

## Befürwortung von Unterkünften

Sie haben das Recht auf angemessene Anpassungen, die Ihnen die gleichen Chancen im Leben geben wie Ihren Altersgenossen. Stellen Sie sich das als einen Durchgang vor, der es Ihnen ermöglicht, alle durch ADHS verursachten Schwierigkeiten zu überwinden. Lassen Sie uns gemeinsam dieses Problem analysieren. Stellen Sie sich vor, Sie befänden sich in einer beliebigen Bildungsstufe, von der Grundschule bis zum College. Wussten Sie, dass Sie gesetzlich geschützt sind? In den Vereinigten Staaten sind Schüler mit Behinderungen wie ADHS durch den Individuals with Disabilities Education Act (IDEA) geschützt. Er stellt sicher, dass Sie Zugang zu den Ressourcen und Anpassungen haben, die Sie für eine positive Bildungserfahrung benötigen.

Lassen Sie uns über den Abschnitt 504 des Rehabilitationsgesetzes sprechen, der als Schutzschild gegen Vorurteile dient. Diese Klausel besagt, dass staatlich finanzierte Programme Sie nicht aufgrund einer Behinderung diskriminieren dürfen. Dieses Gesetz stärkt Ihnen also den Rücken, wenn Sie besondere Vorkehrungen benötigen, z. B. zusätzliche Prüfungszeiten. Am Arbeitsplatz geht es genauso heiter zu wie in der Außenwelt. Das Gesetz, das Sie schützt, heißt Americans with Disabilities Act (ADA). Es schützt Sie vor unfairer Behandlung am Arbeitsplatz und stellt sicher, dass Sie alle Anpassungen erhalten, die Sie benötigen, um auf hohem Niveau arbeiten zu können. Außerdem gibt es die Equal Employment Opportunity Commission (EEOC), die Unternehmen überwacht, um Gleichheit und Vielfalt am Arbeitsplatz zu gewährleisten.

Diese Gesetze dienen dazu, Sie zu befähigen, nicht nur, Sie zu schützen. Sie versichern Ihnen: "Sie verdienen es, hier zu sein, und Sie verdienen es, gut zu sein". Aber was ist mit der Gesundheitsversorgung?

Gesundheitsdienstleister müssen Sie fair und respektvoll behandeln, unabhängig von den Gesetzen. Sie kümmern sich um Sie und Ihre geistige Gesundheit und wollen Ihnen helfen. Lassen Sie uns über die Anpassungen sprechen, die Sie vorgenommen haben, oder über die Ressourcen, die Sie inzwischen angesammelt haben. Zum Beispiel, wenn Sie eine Prüfung ablegen und feststellen, dass Sie ein wenig mehr Zeit brauchen. Oder vielleicht brauchen Sie einen anpassungsfähigeren Zeitplan bei der Arbeit. Diese Anpassungen sind wie ein Maßanzug: Sie sorgen dafür, dass Sie besser aussehen und mehr leisten. Um diese Anpassungen zu erhalten, müssen Sie jedoch möglicherweise offenlegen, dass Sie ADHS haben. Es ist eine subjektive Entscheidung, die letztlich in Ihren Händen liegt.

Stellen Sie außerdem sicher, dass Sie gründliche Aufzeichnungen führen. Betrachten Sie sie als Beweis dafür, dass Sie tatsächlich ein Superheld sind. Sie benötigen ein ärztliches Gutachten, das bestätigt, dass ADHS in Ihrer Situation eine Rolle spielt. Was aber noch unglaublicher ist? Die Selbstbehauptung. Das ist wie die Entdeckung Ihrer inneren Superkräfte. Lernen Sie Ihre Rechte kennen, bewerten Sie Ihre Fähigkeiten und Schwächen und bringen Sie Ihre Bedürfnisse zum Ausdruck. Arbeiten Sie mit Fachleuten aus den Bereichen Bildung und Medizin zusammen. Ihre Meinung zählt, und wenn Sie zusammenarbeiten, schaffen Sie die ideale Vorgehensweise. Denken Sie immer daran, dass die Gesetze nicht im ganzen Land einheitlich sind. Erkundigen Sie sich nach den Vorschriften in

Ihrer Region oder wenden Sie sich an einen auf Behindertenrecht spezialisierten Anwalt.

# Kapitel 8: Emotionen managen und Wohlbefinden steigern

*"Im Sturm der Gefühle finde ich meinen inneren Anker und steuere mein ADHS-Schiff in ruhigere Gewässer."*

In der heutigen schnelllebigen Welt sind der Umgang mit intensiven Emotionen und das Behalten der Perspektive zwei große Herausforderungen, mit denen Menschen mit ADHS täglich kämpfen müssen. In diesem Abschnitt werden wir die Komplexität des Fühlens und der Regulierung von Emotionen auf eine Weise erforschen, die Ihr geistiges und emotionales Wohlbefinden in den Vordergrund stellt. Ich hoffe, dass Ihnen diese Techniken helfen werden, mit intensiven Emotionen umzugehen, eine achtsamere Einstellung zu entwickeln und Selbstfürsorgeroutinen anzuwenden. Sie werden dann besser in der Lage sein, die emotionalen Höhen und Tiefen Ihres Lebens zu bewältigen.

## Emotionale Dysregulation und Stimmungsschwankungen

Aufgrund des komplexen Zusammenspiels zwischen ADHS und Schwierigkeiten in diesem Bereich wird es schwierig, unsere Emotionen zu regulieren. Zu dieser komplexen Beziehung gehören die Beeinträchtigungen der exekutiven Funktionen, die für ADHS charakteristisch sind, Hypersensibilität, Schwierigkeiten, den Fokus zu verlagern, Impulsivität, emotionale Hyperaktivität und die als Ablehnungsempfindlichkeitsdysphorie (RSD) bekannte Erkrankung. Eine Mischung aus Stimmungsstörungen, Stress und emotionaler Dysregulation sind mögliche Folgen der oben beschriebenen Faktoren. Hormonelle Einflüsse während des Menstruationszyklus können die Kontrolle unserer Emotionen zusätzlich erschweren. Aufgrund dieser zusätzlichen Herausforderungen müssen wir individuelle Techniken anwenden, um unsere Emotionen besser zu kontrollieren. Einige der effektivsten Techniken wie Achtsamkeitstraining, CBT - kognitive Verhaltenstherapie - und eine auf Emotionen ausgerichtete Therapie können zur Emotionsregulierung eingesetzt werden. Um diese Ansätze im täglichen Leben anzuwenden, müssen Sie Ihren Psychologen konsultieren, um einen umfassenden Plan zu erstellen. Um diese Komplexität erfolgreich zu bekämpfen, ist es jedoch unerlässlich, Ihre eigenen emotionalen Auslöser und die ersten Anzeichen einer Dysregulation zu erkennen und gezielt daran zu arbeiten.

## Bewältigungsmechanismen und Strategien zur Bewältigung intensiver Emotionen

Wenn uns Bewältigungsmechanismen zur Verfügung stehen, um Emotionen zu regulieren, können wir lernen, Bewältigungsmechanismen zu entwickeln, um mit intensiven Emotionen umzugehen. Gefühle zu benennen, wenn sie auftreten, kann Ihnen helfen, eine Perspektive zu gewinnen und ihre Intensität zu bewältigen. Eine Atempause, bevor Sie reagieren, kann sich als äußerst hilfreich erweisen, wenn Sie sich mit starken Gefühlen auseinandersetzen. Diese Pause fördert das Nachdenken über mögliche Reaktionen und verringert die Wahrscheinlichkeit von unüberlegten Handlungen. Das Nervensystem kann durch tiefe Atemübungen beruhigt werden. Langsames, bewusstes Atmen kann die Intensität starker Emotionen dämpfen.

Sensorische Aktivitäten, wie das Halten eines Objekts oder die Konzentration auf Berührung, können emotionalen Stress lindern. Es erweist sich als nützlich, unsere eigenen Methoden in einem Toolkit zusammenzustellen. Gesunde Aktivitäten wie Tagebuchschreiben, Zeichnen und Sport ermöglichen den Selbstausdruck und helfen bei der Emotionsregulierung. Negative Denkmuster können Emotionen verschlimmern. Die kognitive Umstrukturierung fördert eine positivere Perspektive, indem sie destruktive Gedanken in Frage stellt und neu formuliert. Eine Auszeit von emotional aufgeladenen Situationen gibt Ihnen Raum zum Nachdenken, bevor Sie reagieren. Ablenkung durch Handeln kann dabei helfen, überwältigende Gefühle zu bewältigen. Aktivitäten wie Musik hören, spazieren gehen oder Hobbys nachgehen lindern die emotionale Belastung. Das Aufteilen von Aufgaben in kleinere, leichter zu bewältigende Teile kann intensive Gefühle verringern. Wenn Sie sich den Dingen Schritt für Schritt nähern, wird die emotionale Belastung geringer.

In Zeiten, in denen die Emotionen Sie zu überwältigen drohen, kann es hilfreich sein, einen leicht zugänglichen "Werkzeugkasten" mit beruhigenden Dingen oder Aktivitäten zu haben. Dazu können Affirmationen, Stressbälle oder beruhigende Musik gehören. Die Selbstreflexion nach intensiven emotionalen Erlebnissen ist von großer Bedeutung. Die Analyse von Ursachen, Reaktionen und Ergebnissen vermittelt Wissen, um für ähnliche Situationen in der Zukunft effektivere Strategien zu entwickeln.

# Umgang mit Stress, Angst und dem Gefühl, überwältigt zu sein

Im Laufe der Zeit müssen wir die Fähigkeit entwickeln, Stress, Angst und das Gefühl, überfordert zu sein, effektiv zu bewältigen. Ein hoher Stress- und Angstpegel geht häufig mit den besonderen Schwierigkeiten einher, die durch ADHS-Symptome entstehen. Maßgeschneiderte Ansätze, die diese Probleme berücksichtigen, können den Weg zu einem glücklicheren, harmonischeren Leben ebnen. Im Folgenden werden wir Methoden erkunden, die Frauen mit ADHS nachweislich helfen, ihre Emotionen zu bewältigen und trotz schwieriger Umstände erfolgreich zu sein.

## Methoden zur Stressbewältigung

Stellen Sie sich dies als Ihr ganz persönliches Toolkit voller einzigartiger Methoden vor. Sie sind der Handwerksmeister Ihrer einzigartigen Methode der Stressbewältigung. Lernen Sie, wie Sie mit Hilfe von Achtsamkeit und einigen netten Techniken Stress überwinden und Ihren inneren Frieden wiederfinden können. Visualisieren Sie Ihren treuen Begleiter, indem Sie achtsam sind. Der Effekt ist ähnlich, als würden Sie eine beruhigende Stimme hören, die sagt: "Hey, atme tief durch." Versuchen Sie es mit geschlossenen Augen, nehmen Sie einen tiefen Atemzug und lassen Sie ihn langsam wieder los. Es ist unglaublich, was dieser einfache Hack bewirken kann. Es ist, als würden Sie einen Zauberspruch lernen, der Ihnen hilft, die Orientierung zu behalten, wenn das Leben wild wird. Stellen Sie sich vor, dass Sie sich an einem ruhigen Teich entspannen und Ihre Gedanken die Wellen darstellen. Sie stehen am Rande und beobachten das Wasser, ohne nass zu werden. Ihr Geist ist unter Ihrer Kontrolle. Wenn der Stress überhand zu nehmen droht, holen Sie ihn zurück, indem Sie eine meditative Superhelden-Pose einnehmen.

Außerdem können Sie auch progressive Muskelentspannung üben. Sie hat die beruhigende Wirkung von Musik auf den Körper. Sie entspannen sich, indem Sie sich hinlegen und Ihre Muskeln anspannen und entspannen, einen nach dem anderen, beginnend mit Ihren Zehen - eine warme Umarmung für Ihr körperliches Selbst. Entspannen Sie Ihre Muskeln, sagen Sie sich. Diese Methode ist wie ein Zauberspruch, der allmählich die Anspannung löst.

## Wie kann man Ängste abbauen?

Die Fähigkeit, Ängste zu kontrollieren, ist übermenschlich, und ich kann Ihnen beibringen, wie Sie sie entwickeln können. Stellen Sie sich Ihre Sorgen als einen Schurken vor, der jederzeit die Kontrolle über Ihren Verstand übernehmen kann. Aber Sie haben die Fähigkeit zur Kontrolle, mein Freund. Achtsamkeit kann Ihnen dabei helfen. Betrachten Sie sie als Ihren versteckten Vorteil. Das Wichtigste ist, dass Sie Ihre Gedanken objektiv im Auge behalten. Nehmen wir an, Sie denken: "Ich kann das einfach nicht." Sie sind sich des ängstlichen Gedankens bewusst, aber Sie lassen ihn nicht die Oberhand gewinnen. Vielleicht denken Sie sogar:

"Hmm, interessante Idee". Und plötzlich beginnt sich der Griff der Sorge zu lockern.

Sie haben jedoch noch ein weiteres Ass im Ärmel. Die kognitiven Verhaltenstechniken sind etwas langatmig, also nennen wir sie kurz "Gedankenbalance". Setzen Sie Ihre Detektivmütze im Kopf auf. Wenn Ihnen ein beunruhigender Gedanke wie "Ich werde es vermasseln" in den Sinn kommt, müssen Sie Ihre Detektivmütze aufsetzen und nach falschen Beweisen suchen. Gibt es Beweise dafür, dass dies eine sichere Sache ist? Höchstwahrscheinlich nicht. Sie suchen nach Beweisen, um festzustellen, ob diese Hypothese richtig ist oder nicht. Eine realistischere Sichtweise, wie z.B. "Ich könnte einen Fehler machen, aber das ist in Ordnung - ich werde daraus lernen", kann an ihre Stelle treten, sobald Sie die Falschheit Ihrer ursprünglichen Annahme erkennen. Ganz zu schweigen davon, wie wichtig es ist, sich den Erfolg vorzustellen. Stellen Sie sich einen friedlichen Strand oder eine ruhige Lichtung im Wald vor und schließen Sie die Augen. Versuchen Sie einfach, sich den Anblick, die Gerüche und die Ruhe, die Sie dort erleben würden, vorzustellen. Mit diesem mentalen Ausweg können Sie sich vorübergehend von der Angst befreien.

Sie haben also, mein Freund, Achtsamkeit, mentales Gleichgewicht und Visualisierung als Werkzeuge im Kampf gegen die Angst. Mit diesen Methoden können Sie endlich die Kontrolle über Ihre Angst übernehmen und sie in ihre Schranken weisen. Wie viele Menschen können auch Sie lernen, die Kontrolle über Ihren rasenden Verstand wiederzuerlangen.

## Selbstberuhigung zur Förderung der Gelassenheit

Sinneserfahrungen sind wie versteckte Superkräfte, die Sie in schwierigen Momenten nutzen können. Die Nutzung Ihrer Sinne kann für Sie eine lebensverändernde Erfahrung sein. Nehmen Sie das Beispiel einer meiner Kolleginnen, die Musik zur Behandlung ihrer ADHS einsetzt. Sie setzt ihre Kopfhörer auf und hört beruhigende Musik, wenn sie sich überwältigt fühlt. Die Musik umarmt sie wie eine tröstliche Umarmung, und plötzlich verblassen ihre Sorgen. Es ist wie ein friedlicher Hafen für sie. Alternativ können Sie Ihre geistigen Batterien auch aufladen, indem Sie Zeit in der Natur verbringen. Stellen Sie sich vor, Sie spazieren durch einen Park, wo Sie die sanfte Brise auf Ihrer Haut spüren, das Rascheln der Blätter hören und die frische, natürliche Luft einatmen können. Ein Ausflug in die Natur kann sich anfühlen, als würden Sie in einen friedlichen Hafen flüchten.

Nehmen wir an, Sie versuchen, sich zu Hause zu entspannen, indem Sie einige beruhigende ätherische Öle verbreiten oder eine Duftkerze anzünden. Lavendel zum Beispiel hat eine wunderbare Wirkung. Der beruhigende Duft umhüllt Sie wie eine warme Decke, lässt Stress verschwinden und stellt die Ruhe wieder her. Das Reich der Phantasie ist eine weitere Möglichkeit. Maya ist eine weitere erstaunliche Frau, die zufällig an ADHS leidet. Wann immer die Angst überhand zu nehmen droht, findet sie Trost in ihren Kunstsachen. Sie schnappt sich ihre Farben und fängt an, etwas zu schaffen. Sie drückt sich durch die Pinselstriche auf der Leinwand aus. Sie fühlt ein Gefühl der Erleichterung und der Erfüllung, wenn ihre Emotionen auf das Papier fließen.

# Selbstfürsorge und Aufrechterhaltung des allgemeinen Wohlbefindens

Die Impulsivität, die Unfähigkeit, bei der Sache zu bleiben, und die extremen Stimmungsschwankungen, die mit der Aufmerksamkeitsdefizit-Hyperaktivitätsstörung (ADHS) einhergehen, sind allesamt bekannte Schwierigkeiten. Hier kommt die Selbstfürsorge ins Spiel, denn sie ist Ihr Partner, der sich den Widrigkeiten stellt und auf der anderen Seite gestärkt daraus hervorgeht. Der Stresspegel steigt, wenn man mit ADHS zu tun hat, denn es kann sich wie ein ständiges Spiel der Reise nach Jerusalem anfühlen. Nun, hier ist der Haken. Meditation, tiefes Atmen und regelmäßiger Sport sind großartige Beispiele für Selbstfürsorgeaktivitäten, die dramatische Auswirkungen haben können. Diese Techniken reduzieren die Stresshormone in bemerkenswerter Weise, helfen Ihnen, sich verwurzelt zu fühlen und geben Ihnen etwas von der Kontrolle zurück, die Sie vielleicht verloren haben. Diese extremen Stimmungsschwankungen, die ADHS auslösen kann? Mit Hilfe von Selbstfürsorgeritualen kann die emotionale Stabilität wiederhergestellt werden. Eine konsequente Selbstfürsorge gibt Ihnen effektivere Werkzeuge an die Hand, um mit Stress, Überforderung und Angst umzugehen, die unweigerlich auftauchen.

Auch unsere geistige Gesundheit verbessert sich, wenn wir der Selbstfürsorge die Aufmerksamkeit schenken, die sie verdient. Funktionierende Selbstfürsorgeroutinen schaffen eine Atmosphäre, die den Fokus und die Konzentration fördert, so dass Sie effizienter und präziser arbeiten können. Erfreulicherweise kann die Selbstfürsorge auch unser Selbstwertgefühl steigern. Die Schaffung einer positiven Feedbackschleife kann so einfach sein, wie Dinge zu tun, die Sie glücklich machen. Indem Sie diesen Aktivitäten zur Selbstfürsorge Priorität einräumen und sie genießen, können Sie ein geringes Selbstwertgefühl bekämpfen, das durch die Schwierigkeiten im Zusammenhang mit ADHS entstehen kann.

Ein gesunder Körper und Geist gehen Hand in Hand. Ihr Gehirn funktioniert am besten, wenn Sie genügend Schlaf bekommen, sich gesund ernähren und regelmäßig Sport treiben. Wenn Sie sich körperlich und geistig pflegen, haben Sie mehr geistige Klarheit, ein besseres Urteilsvermögen und einen konzentrierteren Blick. Stellen Sie sich vor, Sie wären mit verschiedenen Methoden ausgestattet, um mit Stress und Sorgen umzugehen. Kümmern Sie sich um sich selbst, um sich das zu geben. Kreative Tätigkeiten, Hobbys, die Sie begeistern und inspirieren, oder Zeit in der Natur zu verbringen, sind großartige Möglichkeiten, Stress abzubauen und Ihre Stimmung zu verbessern, weil Sie dabei Dinge tun, die Ihnen Spaß machen.

# Selbstfürsorge-Routinen, die auf die Bedürfnisse von ADHS abgestimmt sind

Sie können davon profitieren, wenn Sie auf Ihre Bedürfnisse zugeschnittene Selbstfürsorgeroutinen entwickeln. Hier finden Sie einige individuelle Praktiken für Ihre Selbstfürsorge:

## Morgenroutine

- Lassen Sie es zu Beginn des Tages ruhig angehen, indem Sie tief atmen oder meditieren.

- Ein Glas Wasser zu trinken kann Ihnen helfen, sich hydratisiert zu fühlen und Ihr Gehirn wieder in Gang zu bringen.

- Zerlegen Sie Ihr Morgenritual in überschaubare Abschnitte. Behalten Sie den Überblick mit Hilfe eines Timers oder einer Checkliste.

- Wählen Sie ein gesundes Frühstück mit Proteinen, komplexen Kohlenhydraten und gesunden Fetten, damit Sie den ganzen Morgen über Energie haben.

- Schauen Sie sich Ihren Tagesplan oder Ihre Aufgabenliste an, um festzustellen, worauf Sie sich zuerst konzentrieren sollten.

- Bringen Sie Ihren Geist und Körper mit einer schnellen Übung in Schwung, z.B. mit ein paar Runden Yoga oder einem zügigen Spaziergang.

- Bestätigen Sie Ihre besten Eigenschaften und die Erreichung Ihrer Ziele mit einer morgendlichen Sitzung mit positiven Affirmationen.

## Mittagsroutine

- Planen Sie kurze Momente ein, um sich zu bewegen, tief zu atmen oder Achtsamkeit zu üben.

- Essen Sie ein ausgewogenes Mittagessen, um Ihre Energie für den Rest des Tages aufrechtzuerhalten.

- Verwenden Sie die Pomodoro-Technik (25 Minuten intensives Arbeiten, gefolgt von einer 5-minütigen Pause), um die Produktivität während konzentrierter Arbeitssitzungen aufrechtzuerhalten.
- Halten Sie eine Wasserflasche bereit und stellen Sie einen Wecker, der Sie daran erinnert, den ganzen Tag über Wasser zu trinken.
- Genießen Sie Ihr Essen und konzentrieren Sie sich auf die Erfahrung, während Sie essen, um die Gewohnheit des achtsamen Essens zu kultivieren.

## Abendroutine

- Denken Sie darüber nach, was Sie heute erreicht und gelernt haben.
- Beenden Sie die Bildschirmzeit mindestens eine Stunde vor dem Schlafengehen als Teil einer "digitalen Entgiftung".
- Beruhigen Sie sich und machen Sie sich bettfertig, indem Sie etwas Beruhigendes tun, z.B. lesen, sich leicht dehnen oder ein warmes Bad nehmen.
- Bereiten Sie sich auf den Morgen vor, indem Sie Ihre Kleidung bereitlegen, Ihre Tasche packen und eine Liste der Dinge erstellen, die Sie erledigen müssen.
- Bevor Sie sich zur Nachtruhe begeben, nehmen Sie sich ein paar Minuten Zeit, um ein paar Dinge aufzuschreiben, für die Sie dankbar sind.

## Wöchentliche Routine

Nehmen Sie sich jede Woche Zeit, um Ihre Woche zu planen, Ihre Aufgaben zu organisieren und langfristige Ziele festzulegen. Wenn Sie im Voraus nahrhafte Mahlzeiten zubereiten, können Sie die Müdigkeit verringern und die Nahrungsaufnahme verbessern. Legen Sie sich ein regelmäßiges Bewegungsprogramm zu, das Sie beibehalten, indem Sie Dinge tun, die Ihnen Spaß machen, wie Tanzen, Yoga oder Wandern. Nehmen Sie sich Zeit, um mit Menschen zu sprechen, die Ihnen wichtig sind, sei es persönlich oder online. Stärken Sie Ihr Selbstvertrauen, indem Sie über die Leistungen der Woche und die verbesserungswürdigen Bereiche nachdenken.

## Monatliche Routine

Nehmen Sie sich jeden Monat etwas Zeit, um Ihr Leben zu analysieren und herauszufinden, wo Sie etwas zum Besseren verändern können. Belohnen Sie sich, indem Sie etwas Schönes für sich selbst tun, z.B. einen Wellness-Besuch machen, ein neues Buch lesen oder etwas kaufen, das mit einem Hobby zu tun hat, das Ihnen Spaß macht. Überprüfen Sie Ihre langfristigen Ziele und nehmen Sie die notwendigen Anpassungen vor, um sicherzustellen, dass Sie auf dem richtigen Weg sind, diese zu erreichen.

# Einen ausgewogenen Lebensstil beibehalten und gleichzeitig ADHS-Herausforderungen bewältigen

Sie müssen eine tägliche Routine erstellen, die Sie leitet. Zu dieser Routine gehören regelmäßiges Essen, Schlafen, Sport und Entspannung, was Ihnen helfen wird, Ihre Impulse zu kontrollieren und sich besser zu konzentrieren. Ihre Superkraft ist die Fähigkeit, Aufgaben nach Prioritäten zu ordnen, z.B. mit Hilfe von Checklisten, Planern oder Apps, mit denen Sie große Projekte in kleinere, besser zu bewältigende Teile aufteilen können. Einer Ihrer Verbündeten ist das Zeitmanagement. Die Pomodoro-Technik hilft dabei, den Fokus zu behalten und zwanghaftes Arbeiten zu vermeiden. Achtsame Praktiken wie tiefes Atmen und Meditation helfen Ihnen, auch unter Druck ruhig und gelassen zu bleiben. Ebenso wirken Übungsroutinen wie ein Sicherheitsventil, indem sie Spannungen abbauen, die Konzentration verbessern und aufgestaute Begeisterung kanalisieren.

Achtsamkeitsmeditation, tiefe Atemübungen und andere stressreduzierende Aktivitäten können Ihnen helfen, mit Ihren Ängsten umzugehen, während eine gesunde Ernährung und ausreichend Schlaf die kognitive Leistungsfähigkeit verbessern. Der emotionale Halt und die Ermutigung durch ein Unterstützungsnetzwerk aus Freunden, Familie oder Gruppen, die Ihren Weg verstehen, sind von unschätzbarem Wert. Sie können sich Ziele setzen, die Sie auch erreichen können. Achten Sie auf sich selbst, lernen Sie weiter und scheuen Sie sich nicht, professionelle Hilfe in Anspruch zu nehmen. Vergessen Sie nicht, dass Ihre Kompasspunkte Offenheit und Freundlichkeit zu sich selbst sind. Wenn Sie diese Methoden kombinieren, entsteht ein Teppich aus Harmonie und Gesundheit, der auf Ihren Weg zugeschnitten ist.

# Kapitel 9: Selbstakzeptanz und Selbstermächtigung

*"Sobald Sie akzeptieren, dass Sie nicht perfekt sind, entwickeln Sie ein gewisses Selbstvertrauen."*

*-Rosalynn Carter*

Ja, es ist wahr! In dem Moment, in dem Sie beginnen, sich selbst zu akzeptieren, einschließlich Ihrer Schwächen und Stärken, werden Sie wahrhaftig gestärkt. Ihre Kämpfe dürfen nicht bestimmen, wer Sie sind. Sie sind die Summe Ihrer unerschütterlichen Entschlossenheit, Ihres Einfallsreichtums und Ihrer Sichtweise des Lebens. Ihr Leben ist eine bunte Mischung von Erfahrungen, ob gut oder schlecht. Selbstakzeptanz erlaubt es Ihnen, sich auf Ihre positiven Eigenschaften und Eigenheiten zu besinnen. Ihre Willensfreiheit muss gefeiert werden. Wenn Sie sich mit Wissen ausstatten und sich selbst besser verstehen, erkennen Sie, dass Ihre eigene Sichtweise wertvoll ist. Ihre Ziele sind zum Greifen nah und Ihr Potenzial ist grenzenlos. Es spielt keine Rolle, wie klein jeder einzelne Schritt ist, er wird Ihnen dennoch mehr Macht über die Geschichte geben, die Sie für sich selbst erschaffen. Sie können selbstbewusst für sich selbst eintreten und einen Weg einschlagen, der mit Ihren Idealen und Zielen übereinstimmt. In diesem Teil des Buches werde ich mich auf das Konzept der "Selbstakzeptanz" konzentrieren. Wenn die Welt Sie jemals an Ihren Fähigkeiten hat zweifeln lassen, dann werden Ihnen die in diesem Abschnitt vorgestellten Strategien dabei helfen, Ihre Maske abzulegen und Ihr wahres Selbst unumwunden zum Vorschein zu bringen.

# Die Bedeutung von Selbstakzeptanz und die Überarbeitung negativer Selbstwahrnehmungen

Frauen, die mit ADHS zu kämpfen haben, können viel davon profitieren, wenn sie lernen, sich selbst zu akzeptieren und ihre negativen Gedanken über sich selbst zu überdenken. Unsere Einzigartigkeit zu akzeptieren und zu feiern kann eine enorme Quelle der Stärke und des Fortschritts in einer Welt sein, die zu schnell urteilt und unerreichbare Standards setzt. Sie können davon profitieren, Selbstmitgefühl durch die Praxis der Selbstakzeptanz zu kultivieren. Die kritische innere Stimme kann zum Schweigen gebracht werden, indem wir unsere negative Selbstwahrnehmung umgestalten. Das gestärkte Selbstvertrauen und die neu erworbenen Fähigkeiten, die sie durch diese transformative Erfahrung erlangt haben, ermöglichen es ihnen, ihr ADHS als eine Quelle der Kreativität und Innovation zu sehen. Diese Frauen schreiben die Geschichte ihrer Erfahrungen neu und ebnen so den Weg zu mehr Selbstvertrauen, besserer geistiger Gesundheit und der Möglichkeit, unser volles Potenzial auszuschöpfen.

Sie können sehr davon profitieren, wenn Sie lernen, sich so zu akzeptieren, wie Sie sind. Geringere Stress- und Angstgefühle werden mit einer Wertschätzung Ihrer Einzigartigkeit in Verbindung gebracht. Wenn Sie den Druck aufgeben, sich an kulturelle Normen und unerreichbare Standards anzupassen, können Sie ein Leben führen, das dem entspricht, was Sie sind, und mit sich selbst im Reinen ist. Ihr Selbstvertrauen steigt natürlich, wenn Sie sich selbst als einzigartige Person mit Stärken und Schwächen akzeptieren. Je mehr Sie Ihre Errungenschaften feiern und Ihre Stärken hervorheben, desto weniger Zeit werden Sie damit verbringen, sich mit Ihren Schwächen zu beschäftigen. Eine solche Änderung Ihrer Einstellung kann Ihre Stimmung und Ihr Selbstvertrauen verbessern.

Wenn Sie lernen, sich selbst zu akzeptieren, wirkt sich dies auch positiv auf Ihre geistige und emotionale Gesundheit aus. Sich selbst so zu akzeptieren, wie man ist, ist oft notwendig, um Selbstzweifel und Kritik zu beenden. Diese neue Sichtweise kann Ihnen helfen, sich emotional besser zu fühlen, indem sie Ihre Neigung zu Depressionen und Angstzuständen verringert. Darüber hinaus kann die Übung in Selbstakzeptanz die emotionale Regulierung und die Anpassung an neue Umstände erleichtern. Ihre Fähigkeit, Emotionen zu erkennen, ohne sie zu bewerten, und konstruktiv darauf zu reagieren, wird zunehmen und zu einer besseren emotionalen Stabilität führen.

Die Selbstakzeptanz bewirkt nicht nur diese Veränderungen in Ihrem Inneren, sondern verleiht Ihnen auch ein neues Gefühl der Sicherheit im Umgang mit der Welt. Es stärkt Ihre Fähigkeit, sich schnell von Rückschlägen zu erholen und Herausforderungen als Chancen für Wachstum zu sehen. Indem Sie sanft mit sich selbst umgehen, anstatt kritisch zu sein, macht Selbstmitgefühl den Weg frei für Verbesserungen. Eine gesunde Selbstakzeptanz ist entscheidend für den Aufbau echter Beziehungen zu anderen. Aufrichtigkeit fördert dauerhafte Freundschaften und Partnerschaften, denn sie ebnet den Weg für Menschen, die mit Ihnen auf einer Ebene des gegenseitigen Verständnisses und der Offenheit in Beziehung treten.

# Negative Selbstgespräche in Frage stellen und Selbstmitgefühl fördern

Selbstmitgefühl und Selbstakzeptanz müssen aktiv geübt werden, um ADHS zu bewältigen. Achtsamkeit ist wie die Errichtung einer Barriere, die destruktive Emotionen fernhält. Ein unvoreingenommenes Auge auf Ihre Gedanken zu werfen und sich von negativen Einflüssen zu isolieren, ist unerlässlich. Versuchen Sie diese Methode, um Ihre geistige Überlegenheit wiederzuerlangen. Das frühzeitige Erkennen falscher Überzeugungen kann verhindern, dass diese dauerhaft werden. Wenn Sie etwas Negatives bemerken, ohne ihm einen Wert beizumessen, kann das seine Bedeutung mindern. Eine positive Geisteshaltung ist wie ein Umhang für einen Superhelden. Ziel ist es, negative Annahmen gegen praktischere und hilfreichere auszutauschen. Optimistischer ausgedrückt könnten Sie sagen: "Ich bin immer auf einer Lernreise, und wenn ich Fehler mache, wachse ich", anstatt "Ich mache immer alles falsch". Diese neue Denkweise stärkt das Selbstvertrauen, indem sie Selbstzweifel beseitigt.

Kognitive Voreingenommenheiten sind wie Betrüger, die auf subtile Weise Ihre Perspektive verändern. Depressionen oder das Gefühl, dass die Welt untergeht, können die Folge sein. Das Erkennen dieser irrationalen Annahmen kann jedoch dabei helfen, sie durch vernünftigere Annahmen zu ersetzen. Es könnte Ihnen helfen, Ihre negativen Gedanken gegen positivere auszutauschen. Mitgefühl mit sich selbst zu haben, ist eine wohltuende Übung. Behandeln Sie sich selbst mit der Geduld und Freundlichkeit, die Sie einem engen Freund entgegenbringen würden. Denken Sie daran, dass Rückschläge unvermeidlich sind, aber Ihren Wert nicht schmälern, wenn Sie sie erleben. Diese Methode betont die Freundlichkeit gegenüber sich selbst, indem sie dazu ermutigt, unsere Umstände zu akzeptieren, ohne zu kritisieren oder zu versuchen, Fehler zu verbergen.

Positive Affirmationen funktionieren wie ein Aufmunterungsversuch. Wenn Sie sich schlecht fühlen, erfinden Sie Dinge, um sich aufzumuntern. Indem Sie sich selbst ermutigende Aussagen wiederholen, können Sie Ihre innere Erzählung so umschreiben, dass sie besser zu Ihnen passt. Ihre Selbstwahrnehmung wird sich verbessern, wenn Sie die Affirmationen verinnerlichen.

# Geschichten von Empowerment & Selbstvertrauen

Es gibt Hunderte von Frauen auf der ganzen Welt, die Großes geleistet haben, nachdem sie ihren Zustand erkannt und ihre Schwächen in Stärken verwandelt hatten. Lassen Sie mich einige der Geschichten erzählen, die ich über Frauen und ihre Erfahrungen erfahren habe. Diese Frauen haben ihre Geschichten über den Umgang mit ADHS geteilt, um andere zu ermutigen, sich selbst zu lieben und zu akzeptieren, unabhängig von ihren Herausforderungen. Ihre Geschichten unterstreichen den Wert der Selbstakzeptanz und das Wachstum, das daraus entstehen kann.

Sari Solden ist eine Therapeutin und Autorin, die viel über ADHS bei Frauen geschrieben hat. Ihre veröffentlichten Werke wie *Women with Attention Deficit Disorder* und *Journeys Through ADDulthood* bieten Frauen, die sich mit ihrer ADHS-Diagnose abgefunden haben und sie sogar annehmen, Anleitung und Ermutigung.

In ihrem Buch "ADHS von A bis Zoe" beschreibt die Autorin und Rednerin Zoe Kessler ihre Herausforderungen im Leben mit der Aufmerksamkeitsdefizit-Hyperaktivitätsstörung. Die ehrliche und humorvolle Schilderung ihres Lebens als Mensch mit Aufmerksamkeitsdefizit-Hyperaktivitätsstörung in ihrem Bestseller *"ADHS nach Zoe"* hat dazu beigetragen, dass sich das Buch über eine Million Mal verkauft hat.

Die Psychotherapeutin und Autorin Terry Matlen hat ihre Karriere der Unterstützung von Frauen gewidmet, bei denen eine Aufmerksamkeitsdefizit-Hyperaktivitätsstörung diagnostiziert wurde. Um Frauen zu helfen, die mit einer Aufmerksamkeitsdefizit-Hyperaktivitätsstörung zu kämpfen haben, hat sie die Website ADD Consults (ADHD) ins Leben gerufen. Sie ist Schriftstellerin und Autorin von Büchern wie *Die Königin der Ablenkung.*

Die Bloggerin René Brooks, deren Blog unter dem Namen *Black Girl, Lost Keys läuft*, schreibt über ihre Erfahrungen als afroamerikanische Frau mit Aufmerksamkeitsdefizit-Hyperaktivitätsstörung. Sie spricht darüber, wie wichtig es ist, Vorurteile abzulehnen und sich selbst ohne Bedingungen zu lieben.

Die Menschenrechtsaktivistin, Schriftstellerin und Filmemacherin Marianne Azizi. Sie kämpft für die Rechte von Menschen mit ADHS und anderen Erkrankungen. Das Buch Die *Tyrannei von ADHS: A Prescription for Destruction* und die dazugehörigen Videos sind Teil ihrer Kampagne zur Aufklärung der Öffentlichkeit über die Krankheit und ihre Auswirkungen.

In dem Podcast *Taking Control: Der ADHS-Podcast* ist Nikki Kinzer, ein akkreditierter ADHS-Coach, eine der Moderatorinnen. Sie spricht offen darüber, dass sie ADHS hat und gibt Ratschläge, wie Sie mit der Krankheit umgehen können.

Neben ihrer Arbeit als ADHS-Coach hat Nancy Ratey auch Bücher wie *The Disorganized Mind* geschrieben. Sie hilft Menschen mit ADHS, ihre einzigartigen Stärken und Talente zu erkennen und zu schätzen und ermutigt andere, das Gleiche zu tun.

# Selbstwertgefühl und Selbstvertrauen aufbauen

Methoden zu entdecken, die funktionieren, ist wie das Öffnen einer Truhe voller Möglichkeiten. Diese Strategien können auch außerhalb des Klassenzimmers oder des Arbeitsplatzes eingesetzt werden. Wenn Sie sich die Zeit nehmen, ein Projekt zu planen, zu organisieren und in überschaubare Teile zu zerlegen, beweisen Sie sich selbst, dass Sie einfallsreich und geschickt sind. Selbst ein kleiner Sieg kann eine große Wirkung haben, indem er die Moral und das Selbstvertrauen stärkt. Das Erlernen dieser Methoden kann Ihnen helfen, die Herausforderungen zu meistern, die ADHS mit sich bringt. Wenn Sie ehrlich zu sich selbst sind, was Ihre Stärken und Schwächen angeht, ist das ein großer Vorteil. Ihr

Charakter wird immer mehr dadurch geformt, wie Sie mit Schwierigkeiten umgehen, als durch die Schwierigkeiten selbst. Wenn Sie sich eingestehen, dass Sie trotz ADHS erfolgreich sein können, kann das Ihre Moral ungemein stärken.

## Wie können Sie Ihr Selbstwertgefühl und Ihren Selbstwert steigern?

Ein gesundes Selbstwertgefühl als Frau mit ADHS zu entwickeln, ist wie das Aufspüren wertvoller Edelsteine. Beginnen wir damit, Ihre großen und kleinen Erfolge hervorzuheben. Ich möchte, dass Sie sich etwas Zeit nehmen und alles auflisten, was Sie bisher erreicht haben. Das wird Sie daran erinnern, wie weit Sie schon gekommen sind. Wenn Sie jemals anfangen, an Ihren Fähigkeiten zu zweifeln, kann es hilfreich sein, auf Ihre Errungenschaften zurückzublicken.

Es ist an der Zeit, dass Sie Ihr eigener prominenter Fürsprecher werden. Kennen Sie diese heimtückischen, unvorteilhaften Gedanken, die Ihnen nicht aus dem Kopf gehen wollen? Lassen Sie uns jetzt einen Showdown mit ihnen haben. Indem Sie negative Selbstgespräche durch Affirmationen ersetzen, die mit "Ich kann" beginnen, können Sie Selbstzweifel in Selbstvertrauen verwandeln. Dieser Wechsel zum Positiven hat das Potenzial, das Spiel komplett zu verändern, wenn Sie mit dem Rücken zur Wand stehen. Denken Sie daran, dass Sie der Selbstfürsorge Vorrang einräumen müssen. Wenn Sie sich Zeit für Dinge nehmen, die Sie glücklich machen, wie z.B. ein Buch zu lesen oder sich einfach vor dem Fernseher zu entspannen, zeigen Sie damit, dass Sie sich selbst wertschätzen.

Es liegt in der menschlichen Natur, gelegentlich Fehler zu machen. Wenn andere versuchen, Sie zu Fall zu bringen, ist die beste Antwort, die Sie geben können, Freundlichkeit zu sich selbst. Es ist wichtig, sich daran zu erinnern, dass Scheitern ein natürlicher Teil des Lernens und des Wachstums ist. Der erste Schritt, um Ihre eigene Erfolgsgeschichte zu schreiben, besteht darin, sich auf erreichbare Ziele zu konzentrieren. Selbst die kleinsten Siege sind es wert, bejubelt zu werden, denn sie summieren sich mit der Zeit. Bemühen Sie sich außerdem darum, Ihr Leben mit positiven Elementen zu füllen, z.B. indem Sie Aktivitäten nachgehen und mit Menschen zusammen sind, die Sie glücklich machen. Sie haben es sich verdient.

# Die Macht der positiven Affirmationen

Wenn Sie die Kraft der Selbstbestätigung mit der von positiven Affirmationen kombinieren, entsteht ein starker Synergieeffekt. Die Selbstbestätigung schafft eine urteilsfreie Atmosphäre, in der Sie Ihre Erfahrungen erkennen und akzeptieren können. Gleichzeitig bekämpfen die Affirmationen die einschränkenden Überzeugungen, die sich im Laufe der Zeit in Ihrem Geist festgesetzt haben könnten. Gemeinsam bilden sie eine starke Waffe, die die eisernen Barrieren der Selbstzweifel durchbricht und in Ihrem Kopf Platz für Zuversicht und Optimismus schafft. Denken Sie daran, dass Sie Ihre eigene Geschichte in den Farben des Vertrauens und der Selbstliebe neu schreiben können. Diese Ressourcen sind Ihre Werkzeuge. Wie können Sie diese Werkzeuge nutzen? Nun, der beste Weg ist, jeden Tag positive Affirmationen zu sagen, um alle positiven Aspekte von sich selbst anzusprechen. Lassen Sie uns sehen, wie Sie das für sich möglich machen können, ja?

## Negativen Selbstgesprächen entgegenwirken

Wenn Sie sich selbst positive Affirmationen sagen, wie "Ich bin stark und fähig", "Ich verdiene es, glücklich und erfolgreich zu sein" und "Ich bin belastbar", kann Ihnen das helfen, einen Schutzwall aus gesundem Selbstvertrauen aufzubauen. Die ständige Flut von selbsteinschränkenden Überzeugungen in unserem Kopf kann unser Selbstvertrauen auffressen, und dem kann nur entgegengewirkt werden, indem Sie diese Affirmationen vor sich selbst wiederholen. Mit jeder Wiederholung formen Sie Ihre mentale Chemie neu, indem Sie ihr die Kraft geben, Zweifel zu negieren und zu überwinden. Mit der Zeit werden diese positiven Gedanken zu einem wichtigen Mantra in unserem Leben, das unser Selbstvertrauen, unseren Selbstwert und unsere Stärke stärkt.

## Selbstbildnis verbessern

Wenn Sie Affirmationen wie "Ich bin fähig", "Ich bin wertvoll" und "Ich bin würdig" sagen, werden die Selbstzweifel sanft beseitigt. Durch die Wiederholung dieser Affirmationen entsteht in Ihrem Kopf ein neues Bild, in dem Sie sich selbst als selbstbewusster und fähig sehen, alles zu tun. Im Laufe der Zeit wirkt sich diese Art von ständiger Anstrengung kumulativ auf unsere Selbstwahrnehmung und unser Selbstwertgefühl aus. Es ist nicht so, dass Sie nur schmeichelhafte Aussagen wiederholen. Es ist wichtig, weil Sie damit den Grundstein für ein größeres Selbstwertgefühl und eine genauere Vorstellung von Ihren angeborenen Fähigkeiten und Qualitäten legen werden.

## Resilienz kultivieren

Nichts macht Sie so widerstandsfähig wie positive Affirmationen. Es ist, als würden Sie ein Streichholz an Ihrer inneren Stärke anzünden und beobachten, wie sie aufleuchtet, wenn Sie sich immer wieder sagen: "Ich bin widerstandsfähig", "Ich kann jedes Hindernis überwinden" oder "Ich habe die Kraft, Schwierigkeiten zu meistern." Diese ermutigenden Sätze können wie ein Fackelträger wirken, der Sie durch schwierige Zeiten führt und Sie daran erinnert, was es braucht, um die Situation zu überstehen. Diese Aussagen können eine große Stütze sein, besonders wenn Sie mit Problemen zu kämpfen haben, die durch ADHS-Symptome hervorgerufen werden. Sie helfen dabei, uns daran zu erinnern, dass wir bereits die Fähigkeit besitzen, Hindernisse zu überwinden.

## Fehler umgestalten

Es ist wichtig, aus Ihren Fehlern zu lernen, anstatt sich von ihnen definieren zu lassen. Sie können Ihr Weltbild und Ihre Selbstwahrnehmung tiefgreifend verändern, indem Sie sich immer wieder sagen: "Fehler sind Wachstumschancen", "Ich werde nicht durch meine Fehler definiert" und "Jeder Rückschlag ist ein weiterer Schritt nach vorne. Diese aufmunternden Sätze können in stressigen Situationen ein Rettungsanker sein, da sie uns ermutigen, Misserfolge als Silberstreif am Horizont und als Chance zum

Wachstum zu sehen und nicht als selbstzerstörerische Kritik an unserem Charakter. Diese Worte der Unterstützung können für eine Frau mit ADHS, die mit der Last ihrer Fehler zu kämpfen hat, von großem Wert sein. Sie fördern eine positive Denkweise, die aus Fehlern Kraft schöpft.

# Persönliche Stärken und Errungenschaften anerkennen

Mit ADHS mag es sich manchmal so anfühlen, als würden Sie in einem Wirbelwind leben, aber Sie haben große Stärken und Leistungen, die anerkannt werden müssen. Diese Eigenschaften unterscheiden Sie von den anderen und sind Ihre Geheimwaffen gegen alle Hindernisse. Die Welt kann Ihre Stärken und Errungenschaften nur sehen, wenn Sie anfangen, sie anzunehmen.

Um sich ständig an Ihre Leistungen und Talente zu erinnern, schreiben Sie sie in ein Tagebuch. Dies ist eine äußerst effektive Methode. Schreiben Sie sofort auf, wenn Sie etwas Erstaunliches erreicht haben oder Ihre Stärken in Aktion sehen. Dieses Tagebuch dient als motivierende Erinnerung an all die großartigen Dinge, die Sie erreicht haben. Außerdem können Sie regelmäßige Zeitblöcke während des Tages für Selbstbeobachtung einplanen. Denken Sie an all die Erlebnisse der letzten Zeit, bei denen Sie gut abgeschnitten, Fortschritte gemacht oder das Beste aus Ihren ADHS-Eigenschaften gemacht haben. Diese Arbeit der Selbstreflexion wirkt wie ein Zauber, denn sie lenkt Ihre Aufmerksamkeit weg von negativen Gedanken und Selbstzweifeln hin zu all den erstaunlichen Dingen, die Sie getan haben.

Eine weitere gute Möglichkeit, Ihr Selbstvertrauen zu stärken, besteht darin, sich kleine Ziele in Ihrem Leben zu setzen. Wenn Sie diese kleinen Ziele erreichen, fühlen Sie sich gut in Ihrer Haut. Wenn Sie sich selbst immer wieder herausfordern, an Ihre Grenzen zu gehen, ist das eine sanfte Erinnerung daran, dass Sie in der Lage sind, das zu tun, was Sie sich zutrauen. Sie sagen "Wow, sieh mich an, los!" nach jedem Ziel, das Sie auf

Ihrer Liste abhaken. Legen Sie eine physische oder digitale Siegertafel an, auf der Sie Ihre großen und kleinen Erfolge visuell darstellen oder auflisten können. Diese visuelle Tafel wäre Ihre Galerie der "Großartigkeit". Sie müssen diese Errungenschaften nicht nur aufschreiben, sondern können sie auch ab und zu feiern. Sie können sich selbst belohnen, indem Sie in den Urlaub fahren oder mit Freunden und Familie feiern.

Während Sie Ihre Erfolge feiern, ist es auch wichtig, dass Sie Ihre Erfolge mit anderen teilen. Dieser Akt des Teilens wird Ihr Selbstvertrauen stärken. Es ist eine Sache, sich selbst auf die Schulter zu klopfen, aber wenn jemand anderes das Gleiche für Sie tut, fühlt es sich viel besser an. Dadurch wird Ihr Selbstbild in Ihrem Kopf wiederhergestellt und Sie beginnen, sich als selbstbewusstes Wesen zu sehen. Da Sie Ihre wahre Identität noch nicht ganz gefunden haben und manchmal das Gefühl haben, davon abzuweichen, sollten Sie es sich zur Gewohnheit machen, sich selbst mit positiven Affirmationen zu loben, wie ich es auch im vorherigen Abschnitt beschrieben habe.

# Strategien für Selbstbehauptung und Selbstbehauptungskompetenz

Es stimmt, dass sich das Leben manchmal wie ein Labyrinth anfühlen kann, aber Sie können sich durch einige wirksame Maßnahmen in die richtige Richtung lenken. Wenn Sie für Ihre Bedürfnisse und Rechte eintreten, ist das wie ein eigener Kompass, der Sie durch die Irrungen und Wirrungen des Lebens führt. Es ist großartig, dass es Hilfsmittel gibt, mit denen Sie ausdrücken können, was Sie brauchen und verdienen. Diese Selbstvertretung erfordert, dass Sie Ihre eigenen Stärken, Schwächen und besonderen Bedürfnisse erkennen, gefolgt von einer selbstbewussten Bitte um Hilfe und Ressourcen, um Ihre Lebensqualität zu verbessern. Sie können das Steuer in die Hand nehmen und sich selbst durch diese Zeit führen.

Ist Ihnen schon einmal aufgefallen, dass Ihre Gedanken zu den ungünstigsten Zeitpunkten getrübt werden? Und am Ende sagen Sie gar nichts mehr zu dem, was andere zu Ihnen sagen. Diese Angewohnheit kann dazu führen, dass wir in der Öffentlichkeit weniger durchsetzungsfähig wirken. Deshalb glaube ich, dass wir eine Methode brauchen, um unsere Stimme besser durchzusetzen. Deshalb ist es wichtig, auf solche Situationen vorbereitet zu sein. Verwenden Sie ein Hilfsmittel, mit dem Sie sich bei wichtigen Gesprächen, z.B. mit Kollegen, Lehrern oder Ärzten, konzentrieren können. Alles, was Sie tun müssen, ist, Ihre Gedanken, Ideen, Fragen und Sorgen im Voraus aufzuschreiben. Das ist so, als würden Sie eine mentale Checkliste für alles erstellen, was Ihnen wichtig ist. Auf diese Weise können Sie während des Gesprächs selbstbewusst Ihre Stimme erheben und sicherstellen, dass Sie Ihren Standpunkt richtig durchsetzen.

Sie wissen, was man sagt: "Wissen ist Macht!" Wenn die Menschen etwas über ADHS erfahren, können sie Sie besser verstehen. Nehmen Sie sich also die Zeit, ADHS zu beschreiben, während Sie für sich selbst eintreten, und erklären Sie Ihren Gesprächspartnern, wie Sie davon betroffen sind. Denken Sie daran, dass nicht jeder Ihre Situation nachempfinden kann, und es ist in Ordnung, wenn das nicht der Fall ist. Wenn Sie Ihre persönlichen Erfahrungen mit anderen teilen, sei es mit Pädagogen, medizinischen Fachleuten oder Menschen aus Ihrem unmittelbaren Umfeld, hilft das den anderen, das Gesamtbild zu sehen. Sie werden eine bessere Vorstellung von Ihren Bedürfnissen haben, wenn Sie ihnen ein klares Bild davon vermitteln, wie sich ADHS auf Sie auswirkt, sowohl von den Schwierigkeiten als auch von Ihren einzigartigen Talenten.

Durchsetzungsfähig zu sein bedeutet nicht, gewalttätig zu sein. Es bedeutet einfach nur, dass Sie Ihre Meinung sagen und sich darauf verlassen können, dass andere Ihnen zuhören und verstehen, was Sie sagen. Ihre Stimme verdient es, gehört zu werden. Wenn Sie durchsetzungsfähig sind, bedeutet dies, dass Sie in der Lage sind, für sich selbst einzustehen und Ihre Bedürfnisse zu erfüllen. Es ist wichtig, dass Sie ein Gleichgewicht zwischen Respekt und Durchsetzungsvermögen in Ihrer Kommunikation finden.

Wenn Sie mit anderen Menschen kommunizieren, achten Sie darauf, direkt und ehrlich zu sein. Sie müssen sich nicht verstecken oder etwas vor der Welt verbergen. Sie alle müssen wissen, dass ADHS keine Belastung ist, sondern eine großartige Fähigkeit, wenn die Menschen mit ADHS gute Ressourcen und ständige Unterstützung erhalten.

## Kommunikation mit medizinischen Fachkräften und Pädagogen

Sie können keine gute Unterstützung oder Beratung erhalten, wenn Sie nicht gut mit Ihrem medizinischen Fachpersonal kommunizieren. Sorgen Sie also dafür, dass Sie die nötige Unterstützung erhalten, wenn Sie mit Experten im Gesundheitswesen sprechen. Keine Sorge, ich habe einige großartige Strategien für Sie, um effektiv zu kommunizieren. Beginnen Sie damit, dass Sie Ihr medizinisches Fachpersonal aufsuchen, nachdem Sie Ihre Vorarbeit geleistet haben! Das bedeutet, dass Sie eine Liste mit all Ihren Anliegen, Fragen und Symptomen erstellen müssen, an denen Sie arbeiten möchten. Auf diese Weise werden Sie in der Lage sein, dem Gesundheitsexperten all Ihre Gedanken mitzuteilen, ohne etwas zu vergessen oder abgelenkt zu werden.

Sprechen Sie während des Termins über Ihr ADHS. Erzählen Sie offen von Ihren Symptomen, Ihren täglichen Problemen und allen früheren Erfahrungen, die Sie gemacht haben. Achten Sie darauf, so viel zu erzählen, dass der Arzt versteht, wie sich das Problem auf Ihre täglichen Aktivitäten auswirkt. Vergessen Sie nicht, ihnen auch Ihre Ziele mitzuteilen! Erzählen Sie ihnen, wie ADHS Ihre Träume behindert, damit sie Ihnen praktische Ratschläge geben können, die auf Ihre besonderen Bedürfnisse zugeschnitten sind. Scheuen Sie sich auch nicht, alles zu fragen. Nehmen Sie sich Zeit und erkunden Sie, welche Diagnose Sie haben oder ob Behandlungen angeboten werden! Fragen Sie nach, wie die Dinge funktionieren, welche Behandlungsmöglichkeiten Sie haben und was Sie während der Therapie erleben könnten. Wenn Sie alle Fakten kennen, können Sie eine gut informierte Entscheidung treffen, die für Sie am besten ist. Seien Sie im Gespräch mit Ihrem Therapeuten ehrlich, was Ihre Medikamente und Ihre medizinische Vorgeschichte angeht. Erzählen Sie ihm, wie es Ihnen geht, das Gute, das Schlechte und alles, was Ihnen sonst noch durch den Kopf geht. Es ist auch ratsam, einen Freund oder ein Familienmitglied zu Ihren Terminen mitzubringen, wenn Sie sich dabei wohl fühlen. Sie können Sie unterstützen, indem sie ihre Meinung sagen und einfach nur da sind.

## Pädagogen

Ganz gleich, ob Sie eine Schule besuchen, studieren oder ein Aufbaustudium absolvieren, es ist wichtig, dass Ihre Ausbilder etwas über Ihre Erkrankung erfahren und sie verstehen. Ich habe einige ausgezeichnete Empfehlungen für Sie, wenn Sie mit Pädagogen, die Ihr Lernen und Ihre Entwicklung unterstützen, in den Dialog treten. Ein Treffen mit ihnen ist also eine gute Möglichkeit, geführte Gespräche über Ihre ADHS-Symptome und die Unterstützung, die Sie benötigen, zu führen. Wenn Sie Beweise für Ihre offizielle ADHS-Diagnose haben, sollten Sie diese mit den Pädagogen teilen, damit diese ein Teil des Puzzles haben, um Sie besser zu verstehen. Am besten ist es, wenn Sie ihnen erklären, was ADHS wirklich ist. Sie können schnell einen Überblick über ADHS geben und wie es sich auf Sie auswirkt, wobei Sie sowohl die positiven Auswirkungen als auch die Schwierigkeiten einbeziehen. Vergessen Sie nicht, über die Vorkehrungen zu sprechen, die Sie benötigen, um in Ihrem Studium erfolgreich zu sein. Lassen Sie sie wissen, was Sie wirklich erreichen wollen, sei es mehr Zeit für Ihre Aufgaben, eine besondere Sitzordnung oder eine andere zusätzliche Hilfe.

Es ist auch wichtig, dass Sie ihnen von Ihren Stärken und den Dingen, die Sie motivieren, erzählen. Wenn Sie mit Ihren Lehrern zusammenarbeiten, um einen Plan zu erstellen, der perfekt zu Ihnen passt, wird das ein großer Erfolg sein. Diese Strategie der Teamarbeit wird Ihnen und der Atmosphäre im Klassenzimmer zugute kommen. Ein wichtiger Teil dieses

Prozesses ist das Feedback. Wenn Ihnen etwas nicht ganz geheuer ist, erheben Sie Ihre Stimme und lassen Sie die Pädagogen die Probleme wissen und bieten Sie eine Alternative an. Schließlich haben Sie die Autorität!

Denken Sie immer daran, sich nicht vor Diskussionen im Unterricht zu scheuen und scheuen Sie sich nicht, Fragen zu stellen, wenn Sie etwas nicht auf Anhieb verstehen. Das zeigt, dass Sie sich Ihren Lehrern gegenüber verpflichtet fühlen und Ihre Ausbildung ernst nehmen. Und schließlich sollten Sie immer Ihre Wertschätzung für die Bemühungen Ihrer Lehrkräfte zum Ausdruck bringen. Wenn Sie eine gute Einstellung haben und sich bedanken, werden Sie eine starke Bindung zu Ihren Lehrern aufbauen.

## Organisationen, die ADHS-Befürwortungsbemühungen unterstützen

Es gibt Organisationen, die sich dafür einsetzen, Ihnen Unterstützung, wertvolle Ressourcen und jede Menge Informationen zu bieten, die auf Ihre Bedürfnisse zugeschnitten sind, und die sich für Sie einsetzen. Sie können sich auch an diese Organisationen wenden, wenn Sie Schwierigkeiten haben, mit Ihrer Krankheit umzugehen. Es gibt einige Gruppen, die ich persönlich kenne, die sich für Frauen mit ADHS einsetzen. Diese Gruppen und ihre Websites bieten hilfreiches Wissen, Online-Communities und Ressourcen, die Sie nutzen können, um Kontakte zu knüpfen, sich weiterzubilden und für das zu kämpfen, was Sie brauchen. Um die Hilfe zu nutzen, die diese Organisationen anbieten, empfehle ich Ihnen, ihre Websites zu besuchen, an ihren Webinaren oder Veranstaltungen teilzunehmen und mit den von ihnen geschaffenen Gemeinschaften zu interagieren.

## CHADD (Kinder und Erwachsene mit Aufmerksamkeitsdefizit-/Hyperaktivitätsstörung)

Eine der bekanntesten und anerkanntesten Interessengruppen für ADHS ist CHADD. Diese Organisation befasst sich zwar mit ADHS im Allgemeinen und nicht speziell mit Frauen, bietet aber dennoch eine

Vielzahl von Ressourcen, Selbsthilfegruppen und Informationen, die für Frauen sehr nützlich sein können. Hier ist der Link zur Website dieser Organisation. Sie können sie jederzeit besuchen und auf ihre unbegrenzten Ressourcen zugreifen. https://chadd.org/

## ADDitude Magazin

Obwohl es sich noch nicht um eine offizielle Organisation handelt, ist diese Zeitschrift eine großartige Ressource, die eine Vielzahl von Artikeln, Webinaren und anderen Materialien über ADHS bei Kindern und Erwachsenen bietet. Es gibt Artikel, die speziell auf die Erfahrungen von Frauen mit ADHS eingehen. Sie können sie lesen und sich von Hunderten anderer Frauen, die mit ADHS leben, inspirieren lassen. Hier ist der Website-Link zu diesem Magazin. Sie können sie jederzeit besuchen und auf die unbegrenzten Ressourcen zugreifen. https://www.additudemag.com/

## ADHS-Projekt für Frauen

Dieses Projekt wurde ins Leben gerufen, um das öffentliche Bewusstsein für die Schwierigkeiten zu schärfen, mit denen Frauen mit ADHS konfrontiert sind. Es bietet Frauen freien Zugang zu Hilfsmitteln, Wissen und einer Gemeinschaft, die sie ständig unterstützt. Hier ist der Link zur Website dieser Organisation. Sie können sie jederzeit besuchen und auf ihre unbegrenzten Ressourcen zugreifen. https://womensadhdsociety.org/

## AANE (Asperger/Autismus Netzwerk) Fraueninitiative:

Diese Organisation konzentriert sich zwar in erster Linie auf Autismus, hat aber auch die Women's Initiative eingeführt, die sich mit der Überschneidung von Frauen mit Autismus und ADHS befasst. Sie bieten Ressourcen für Frauen mit ADHS und Autismus an, darunter Webinare, Workshops und Webinare. Hier ist der Link zur Website dieser Organisation. Sie können sie jederzeit besuchen und auf ihre unbegrenzten Ressourcen zugreifen. https://www.aane.org/

**TotallyADD**

Dies ist eine weitere Website, die Blogs, Videos und andere Ressourcen über ADHS im Allgemeinen bietet. Obwohl sie alle Geschlechter einschließt, bietet sie auch Inhalte, die sich auf die Erfahrungen von Frauen mit ADHS konzentrieren. Hier ist der Link zur Website dieser Organisation. Sie können die Website jederzeit besuchen und auf ihre unbegrenzten Ressourcen zugreifen. https://totallyadd.com/

**Das Nationale Ressourcenzentrum für ADHS**

Dieses Zentrum, das von CHADD betrieben wird, bietet auch Ressourcen und Informationen zu verschiedenen Unterthemen im Zusammenhang mit ADHS, darunter auch einige, die für Frauen nützlich sein könnten. Hier ist der Link zur Website dieser Organisation. Sie können sie jederzeit besuchen und auf ihre unbegrenzten Ressourcen zugreifen. https://www.help4adhd.org/

**Verstanden**

Es ist eine umfassende Plattform, die Hilfsmittel und Unterstützung für alle bietet, die mit Lern- und Aufmerksamkeitsproblemen zu kämpfen haben. Daher bietet sie natürlich auch Informationen über ADHS bei Kindern und Erwachsenen. Ihre Ressourcen könnten für junge Mädchen, die unter den Symptomen von ADHS leiden, sehr nützlich sein. Hier ist der Link zur Website dieser Organisation. Sie können sie jederzeit besuchen und auf ihre unbegrenzten Ressourcen zugreifen. https://www.understood.org/

**Sari Solden Institut für Frauen und ADHS**

Diese Organisation bietet Ressourcen, veranstaltet Workshops und informiert über die Erfahrungen von Frauen mit ADHS. Sie wurde von Sari Solden gegründet, einer Psychotherapeutin und Autorin, die sich auf Frauen mit ADHS spezialisiert hat. Hier ist der Link zur Website dieser Organisation. Sie können sie jederzeit besuchen und auf ihre unbegrenzten Ressourcen zugreifen. https://www.sarisolden.com/

**ADD-Beratungen**

Dies ist eine gute Website, die von der Psychotherapeutin Terry Matlen betrieben wird und die sich auf die Bedürfnisse von Frauen mit ADHS konzentriert. Diese Website bietet Artikel, Ressourcen und Informationen für Frauen wie uns. Hier ist der Link zur Website dieser Organisation. Sie können die Website jederzeit besuchen und auf ihre unbegrenzten Ressourcen zugreifen. https://addconsults.com/

**ADHD Frauen Palooza**

Es handelt sich nicht um eine Organisation, sondern um eine jährliche Online-Konferenz, die Experten an einen Tisch bringt und über verschiedene Aspekte von ADHS spricht, die das Leben von Frauen auf der ganzen Welt betreffen. Es werden Themen wie ADHS und Beziehungen, persönliches Wachstum und Entwicklung sowie die Stärkung von Selbstvertrauen und Selbstwert diskutiert. Hier ist der Link zur Website dieser Organisation. Sie können sie jederzeit besuchen und auf ihre unbegrenzten Ressourcen zugreifen: https://www.adhdwomenspalooza.com/

# Fazit

Nun, da wir das Ende erreicht haben, möchte ich mir etwas Zeit nehmen, um einige der Konzepte und Strategien, die ich in diesem Buch behandelt habe, zu reflektieren und zu rekapitulieren. Wir haben Methoden entdeckt, um in einer stressigen Situation ruhig und gelassen zu bleiben. Um Ihnen dabei zu helfen, Widrigkeiten mit Gelassenheit und Entschlossenheit zu begegnen, habe ich Ihnen eine Liste persönlicher Strategien als Werkzeugkasten an die Hand gegeben, einschließlich der Schaffung einer ablenkungsfreien Umgebung und der Festlegung konkreter Ziele.

Aber denken Sie daran, dass diese Strategien nur so effektiv sind, wie Sie es wünschen. Das wichtigste Element dieses Prozesses sind SIE. Was ich in den meisten Kapiteln zu betonen versucht habe, ist, dass Sie Ihre Einzigartigkeit schätzen, Ihre Stärken nutzen und anerkennen müssen, dass Sie der Autor Ihrer eigenen Geschichte und Erzählung sind. Man kann gar nicht genug betonen, wie wichtig es ist, sich selbst zu kennen, zu akzeptieren und für sich selbst einzustehen. ADHS ist nur ein Aspekt Ihrer einzigartigen Persönlichkeit, den Sie zu Ihrem eigenen Vorteil nutzen können.

Wenn Sie diesen Ratgeber schließen und zum nächsten übergehen, denken Sie daran, dass diese Reise gerade erst begonnen hat und wir alle noch in der Entwicklung begriffen sind. Es gibt viele Möglichkeiten für uns, uns selbst zu stärken und persönlich zu wachsen. Ihr Leben ist ein fortlaufendes Abenteuer, und alles, was Sie tun, und jedes Hindernis, das Sie überwinden, macht Sie noch stärker. Wenn Sie diesen Weg weitergehen, halten Sie Ihr Herz und Ihren Geist offen. Sie können alles erreichen, was Sie sich vorgenommen haben, denn Ihr Potenzial ist grenzenlos.

Für Frauen wie Sie ist es wichtig zu erkennen, dass Sie von einer Schwesternschaft von Frauen umgeben sind, die die einzigartige Rolle jeder von uns zu schätzen wissen. Die Akzeptanz der besonderen Qualitäten der anderen, wie Kreativität, Tatkraft und Hartnäckigkeit, gibt uns noch mehr Kraft. Bevor ich Sie also mit Ihrem Buch verlasse, möchte ich Ihnen abschließend noch sagen, dass Sie sich immer vor Augen halten sollten, dass Sie eine Kraft sind, mit der man rechnen muss, und dass die Welt begierig darauf ist, Ihre Brillanz zu sehen. Sie müssen nur an sich selbst glauben, indem Sie alle effektiven Strategien in Ihre tägliche Routine einbauen und sehen, wie die Magie um Sie herum geschieht.